元宇宙的商业机会

宋政隆 ◎ 著

中华工商联合出版社

图书在版编目(CIP)数据

元宇宙的商业机会 / 宋政隆著. —北京：中华工商联合出版社，2022.4

ISBN 978-7-5158-3406-1

Ⅰ.①元… Ⅱ.①宋… Ⅲ.①信息经济 Ⅳ.①F49

中国版本图书馆CIP数据核字（2022）第063279号

元宇宙的商业机会

作　　者：	宋政隆
出 品 人：	李　梁
责任编辑：	胡小英
装帧设计：	尚世视觉
责任审读：	李　征
责任印制：	迈致红
出版发行：	中华工商联合出版社有限责任公司
印　　刷：	香河县宏润印刷有限公司
版　　次：	2022年5月第1版
印　　次：	2022年5月第1次印刷
开　　本：	710mm×1000mm　1/16
字　　数：	200千字
印　　张：	13
书　　号：	ISBN 978-7-5158-3406-1
定　　价：	58.00元

服务热线：010—58301130—0（前台）

销售热线：010—58302977（网店部）
　　　　　010—58302166（门店部）
　　　　　010—58302837（馆配部、新媒体部）
　　　　　010—58302813（团购部）

地址邮编：北京市西城区西环广场A座
　　　　　19—20层，100044

http://www.chgslcbs.cn

投稿热线：010—58302907（总编室）

投稿邮箱：1621239583@qq.com

工商联版图书

版权所有　侵权必究

凡本社图书出现印装质量问题，请与印务部联系。

联系电话：010—58302915

前 言

元宇宙，未来全世界最大的赚钱风口

"元宇宙"是超越现实的另一个世界，人们可以在那里工作、生活和娱乐，目前主要体现在游戏里。元宇宙是人类未来主要的数字生存空间。

在互联网的发展历程中，PC 互联网是 1.0 时代，移动互联网是 2.0 时代，而"元宇宙"将是互联网 3.0 时代。该概念最早出现在 1992 年美国作家尼尔·斯蒂芬森的科幻小说《雪崩》（*Snow Crash*）中。这部小说描绘了一个平行于现实世界的虚拟数字世界——元界，现实世界中的人在元界中有一个虚拟分身，人类通过控制虚拟分身来实现意志。

那么，究竟何为元宇宙？

从时空性来看，元宇宙是一个空间维度上虚拟而时间维度上真实的数字世界；

从真实性来看，元宇宙中既有现实世界的数字化复制物，也有虚拟世界的创造物；

从独立性来看，元宇宙是一个与外部真实世界既紧密相连又高度独立的平行空间；

从连接性来看，元宇宙是一个把网络、硬件终端和用户囊括进来的永续的、广覆盖的虚拟现实系统。

要想通往元宇宙，需要一副眼镜。1935年，美国科幻小说家斯坦利·温鲍姆在其小说《皮格马利翁的眼镜》中构想了一款实现虚拟现实（VR）的眼镜，从此VR梦就成了科学发展的新目标，科学家纷纷开始研究如何通往虚拟现实世界。经过数十年的发展，在2012年，VR眼镜设备Oculus Rift横空出世，让人们看到了VR的商业价值，并引发了VR新纪元。

元宇宙是最新的财富风口。谁抓住了这个风口，谁就是未来的巨无霸。其实，"元宇宙"成为火爆世界的新概念，并非偶然，而是由一系列因素决定的。

从社会因素看，2020年开始的新冠肺炎疫情加速了人类社会数字化迁徙的速度，加快了"元宇宙"时代的到来。

从技术因素看，"元宇宙"不仅需要AR、VR、脑机接口等交互技术，还离不开5G、云计算技术支撑大规模用户来提升用户参与度。

如今，我们已经具备原始版"元宇宙"的技术基础，但依然无法构建一个令人沉浸其中的理想"元宇宙"。不过，这也只是个时间问题。

从2021年开始，元宇宙概念持续升温，俨然成为继比特币、区块链之后的新风口，受到了科技圈与资本圈的追捧，微软、苹果、英伟达等科技巨头纷纷布局元宇宙。国内的互联网科技巨头同样也在争相布局元宇宙，比如，字节跳动收购VR品牌Pico（小鸟看看），而腾讯、阿里、网易等纷纷申请注册元宇宙相关商标。

  对每个人来说，元宇宙也是财富风口。元宇宙可以真正改变我们与时空互动的方式，以虚实融合的形式改变现有社会的组织与运作形态，催生出线上线下一体的新型社会关系，赋予实体经济新的活力。

  人类对于元宇宙的需求场景会真实存在，因此我们有理由相信，元宇宙定然会成为下一代互联网。

目 录

上篇 解密元宇宙

第一章 试揭元宇宙面纱 / 2

什么是元宇宙 / 2

元宇宙会经历的四个阶段 / 6

元宇宙之于我们究竟意味着什么？/ 10

元宇宙的最终形态是怎样的 / 16

元宇宙，颠覆现有科技产业的未来 / 25

第二章 元宇宙的本质 / 31

中外名家眼中的元宇宙 / 31

元宇宙是一种效率革命 / 35

元宇宙的本质 / 39

元宇宙本质：所有感官体验的数字化 / 45

第三章 元宇宙的构成与路径 / 48

元宇宙的七层架构 / 48

元宇宙的六个底层技术 / 57

元宇宙的八大要素 / 67

元宇宙的通关路径和进阶路径 / 79

下篇 元宇宙的应用与机遇

第四章 元宇宙的主要商业应用 / 86

元宇宙 + 游戏行业 / 86

 游戏企业已经成功布局元宇宙 / 87

 元宇宙将如何改变未来的游戏？ / 94

元宇宙 + 零售行业 / 98

 元宇宙为用户带来极致的体验和服务 / 99

 优化升级"双平台"共享零售生态系统 / 102

元宇宙 + 服饰行业 / 105

 聚焦"元宇宙"，引领数字创新发展 / 106

 个性化的应用对数字时尚尤其重要 / 110

元宇宙 + 家居行业 / 113

 "元宇宙"与家居行业的碰撞 / 114

"元宇宙"不仅带来了C端体验的改变，还与现实有更多触点 / 118

元宇宙 + 教育行业 / 120

元宇宙时代教育会变成什么样？ / 121

元宇宙落地，割流量先行 / 124

元宇宙 + 汽车行业 / 126

元宇宙助力汽车产业变革新赛道 / 127

元宇宙的真正价值是虚拟现实的实际应用 / 130

元宇宙 + 地产行业 / 134

元宇宙对房产住宅的影响 / 135

元宇宙地产价值的未来价值 / 137

元宇宙 + 互联网行业 / 139

"元宇宙"概念是互联网商业模式的复盘 / 140

开放创新，打造包罗万象的数字原生社区 / 144

第五章　元宇宙的真正赢家 / 149

游戏公司 / 149

完美世界：我国最大的影游综合体 / 149

魔珐科技：积极打造虚拟世界的基础设施 / 151

视觉中国：为客户提供相关的增值服务 / 153

综合巨头 / 154

移动：全国首个元宇宙机构 / 154

阿里：积极打造"游戏元宇宙"领域 / 157

　　腾讯：内部孵化叠加外部投资，全产业链布局元宇宙 / 158

硬件公司 / 161

　　乐檬蚁视：VR 头盔 / 161

　　亮亮视野：智能眼镜 / 165

　　中科院：电子皮肤 / 167

软件公司 / 170

　　华为：元宇宙底层 ICT 技术集大成者 / 170

　　科大讯飞：打造虚拟人交互平台 1.0 / 174

　　风语筑：国内领先的数字化体验服务商 / 176

第六章　元宇宙的未来与机遇 / 178

元宇宙时代的 10 大趋势 / 178

国内外元宇宙的现状 / 186

元宇宙，创造万亿集群的新机遇 / 191

成功赋能：千行万业的元宇宙化 / 193

后记 / 195

上篇

解密元宇宙

第一章　试揭元宇宙面纱

什么是元宇宙

似乎在一夜之间,万物皆可元宇宙。元宇宙这个新兴概念,秉承着一股巨大的力量,把人们过去对于互联网的所有知识和经验都冲击得落叶纷纷,再搭配上一些更先进的技术和新鲜名词,给人们展示出了一个全新的虚拟世界。互联网产业的先行者和布道者开始布局元宇宙,力求让我们相信,这就是未来互联网的新形态。

随着各种元宇宙公司纷纷出现,股市里的"元宇宙概念股"成了一股不容置疑的力量,人们也逐渐相信,元宇宙就是互联网世界的"下一件大事"。随着一个虚拟世界的逐渐成形,人们在现实世界中的很多幻想也会在虚拟世界中实现,人与人之间的交流方式变得完全不同。

与此同时,质疑的声音也纷至沓来。究竟什么是元宇宙?这个概念到底从何而来?这股浪潮之中究竟又有多少是炒作?都说元宇宙是新一代互联网,新在何处?元宇宙会对我们的生活带来多大的影响和改变?

这些问题虽然不一定有明确的答案，但也未必会有唯一的答案。想要搞清楚关于元宇宙的各种线索，首先要做的就是从不同的角度探明这个概念的由来和发展。

一、"元宇宙"的首次出现

"元宇宙"一词最早出现在一部科幻小说中，即《雪崩》（Snow Crash）。该小说的作者是美国科幻作家尼尔·斯蒂芬森（Neal Stephenson），首次在书中提到了"元宇宙"。在这部小说里，元宇宙是一种现实世界与虚拟世界相混合的状态。之后，网络世界迅猛发展，"元宇宙"一词也就停驻在了人们的视野之中，还不时地被运用到各种作品中。

2018年科幻电影《头号玩家》（Ready Player One）的播出，让很多人都觉得，这部电影就是对"元宇宙"概念最形象化的解释，即借助虚拟设备，人们就能在现实世界和虚拟世界之间自由穿梭，更加无拘无束，可以给人们带来远超现实世界的惊奇和快乐。

2021年10月，美国社交网络巨头"脸书"（Facebook）的创始人马克·扎克伯格（Mark Zuckerberg）发表了《创始人的信：2021》（Founder's Letter 2021），宣布脸书公司更名为"Meta"，展示了自己向元宇宙进发的决心。为了向观众解释"究竟何为元宇宙"，在近90分钟的演讲时间里，"元宇宙"一词出现了80多次。

二、元宇宙的两个定义

元宇宙有两个定义，一个是广义的，一个是狭义的。

3

广义的元宇宙，就是人类无穷想象的世界。比如文学、漫画、电影、电视剧等艺术形式，融合了人类想象力，是一个可以自洽的形式，比如，漫画《航海王》背后的海贼与海军对抗的宇宙，以及《火影忍者》的忍者村宇宙。在宇宙中，所有的人物都扮演着不同的角色，从事着符合身份特征的事情。很多人虽然对神奇的海贼世界和忍者生活等充满了向往，但却无法真正参与其中。在这个宇宙中，现实与虚拟是相互分离的。换一个角度说，在科幻小说《雪崩》出版时，以当时的技术条件，根本无法实现小说中的场景。随着网络和VR/AR等新技术的不断发展，元宇宙才距离人们越来越近，才逐渐打破了现实宇宙和虚拟宇宙的分离状态，也让人们参与其中。其融合的结果就是"元宇宙"。

经过一段时间的蛰伏，"元宇宙"这个概念在2021年被全球知晓，"虚拟世界联结而成的元宇宙"也成了一个宏大且前景广阔的投资主题，成了数字经济创新和产业链的新疆域。同时，"元宇宙"还为人类社会实现数字化转型提供了新的路径。其与"后人类社会"的全方位交集，创造了一个与大航海时代、工业革命时代、宇航时代等具有同样历史意义的新时代。

如今，人们统一将2021年称为元宇宙"元年"。

三、元宇宙是一个生态

元宇宙并不是一种技术，也不是某一单个领域的进步，而是一个生态。在这个生态系统中，游戏、社交、AI、区块链等技术各尽其责，发挥着自己的作用，且任何一项技术都不能被单独称为元宇宙，元宇宙需要它们共同赋能。

在元宇宙生态中，大而全的数字世界可以从根本上改变人机交互的模式，多模态交互（如视、听、触觉等）将成为一种新风潮，人与虚拟世界的联系也会变得越发紧密。

"Metaverse"是"meta"和"verse"两个词的组合。其中，"verse"是宇宙（universe）的缩写，"meta"的含义与形而上学（metaphysics）相似，即"超越"或"改造"。二者结合到一起，意思就是"超越和改造宇宙的东西"。

如当今的互联网平台一样，未来的元宇宙多半都会变成一个平台，在三维空间中为用户提供服务。元宇宙将是由十多亿行代码连接在一起的一系列新技术的集合，包括虚拟现实（VR）、混合现实（MR）、增强现实（AR）、区块链和加密货币。增强现实、混合现实和虚拟现实等三种技术，统称为扩展现实（XR），如表1-1所示。

表1-1 元宇宙技术说明

技术	说明
AR	没有改变现实，只增加了一些东西。比如，智能手机上的Pokemon Go
MR	将现实世界与虚拟世界结合到一起，可以让人与环境进行互动。比如，一个可以使用Microsoft的HoloLens键入（真实单词）的虚拟键盘
VR	完全虚拟，由数字生成，现实世界被排除在外。虽然多数炒作都围绕VR展开，但AR和MR也会在元宇宙中扮演重要的角色

元宇宙会经历的四个阶段

任何行业的发展周期都会经历四个阶段,即萌芽阶段、起步阶段、成熟阶段和终局阶段,元宇宙同样如此。

一、萌芽阶段

按照《雪崩》对"元宇宙"的定义,"元宇宙"吸纳了信息革命(5G/6G)、互联网革命(Web3.0)、人工智能革命,以及VR、AR、MR、游戏引擎等虚拟现实技术革命性成果,既可以向人类展现构建与传统物理世界平行的全息数字世界的可能性;也能引发信息科学、量子科学、数学和生命科学等的互动,引发科学范式的改变;既可以引发传统哲学、社会学和人文科学体系等的突破,也能将所有的数字技术(包括区块链技术成就)包含进去,让数字经济转型模式变得更丰富,实现De-Fi、IPFS、NFT等数字金融成果的融合。

可以说,元宇宙的萌芽阶段为2016年至2020年,这时期虽然还没出现元宇宙的概念,但很多行业都在进行技术单点的线上化、数字化与虚拟化的尝试,是元宇宙的雏形。

1.产业元宇宙板块,致力于数字化、线上化的构建,搭建了部分仿真场景。例如,波士顿医生培训公司Osso VR开发了一系列操作培训,即创建虚拟手术室的软件，使得医生放心地进行更多、更复杂的手术；日本人工智能株式会社开发了流水线仿真软件RaLC，以3D动画为载体，为多个物流系统元素搭建了仿真验证模型。

2. 消费者元宇宙板块，致力于实现2D呈现形式的虚拟体验。例如，任天堂、The Pokémon Company（宝可梦公司）、Niantic Labs（美国知名游戏厂商）等合作开发了手游"宝可梦GO"，在智能手机上运用AR技术，就能在物理世界发现虚拟宝可梦形象，并进行抓捕和战斗；美国纽约健康科技公司Peloton将AR与动感单车结合在一起，集成电子屏幕，为运动者提供健身课程，实现了2D成像的虚实融合，提高了用户的沉浸式体验。

二、起步阶段

作为一个备受资本和各大互联网巨头追捧的概念，2021年"元宇宙"不断升温，展示出了异乎寻常的爆发力，很多科技巨头都为自己贴上了"元宇宙"的标签。比如，Roblox、脸书、谷歌、亚马逊、迪士尼等开始布局元宇宙；国内的腾讯、网易、字节跳动等互联网公司也陆续进入元宇宙赛道。

2021年也被称为"元宇宙"元年。

其起步阶段的时间跨度为2021~2030年，该时期不同行业对线上化、数字化与虚拟化等进行深入应用与技术沉淀，实现了以单个行业为基础的各独立元宇宙，形成了元宇宙分散化、单行业和多中心小生态。在技术布局上，吸纳了平台基础设施与关键连接设备的开发，如XR设备；在应用开发上，主要以具体热门行业的应用功能实现为主。

1. 在产业元宇宙中，运用基础技术，深入垂直行业内形成全产业链、全行业虚拟化应用。例如，英伟达积极布局虚拟 3D 仿真和渲染等基础技术，并将它们应用于工业设计行业。目前，可以基于通用场景描述技术，打造虚拟协作平台，应用于数字协作和实时仿真场景，为元宇宙在未来工业设计领域的延伸奠定了技术基础。

2. 在消费者元宇宙中，进一步深化了各独立 IP 的虚拟体验，开发优化了连接物理和虚拟世界的硬件设备，提高了虚拟体验的真实感，逐渐搭建起了虚拟社会体系。例如，元宇宙游戏鼻祖"Roblox"，玩这款游戏时，玩家只要用游戏币与现实货币，就能兑换实现虚拟和物理世界的真实经济，同时提供多元化社交形式，让用户享受到多端打通的沉浸式体验，便于用户长时间进行在线互动和社会性互动。

三、发展阶段

从 2031 年开始，元宇宙就处于了发展阶段。在该阶段，不同独立行业的元宇宙开始逐渐打通数据与标准，实现相似相融。在该阶段，元宇宙很可能会出现跨平台、跨行业的生态融合，逐渐形成聚合式、围绕产业和个人双中心的元宇宙生态体系。当然，统一的数据标准、支付体系与身份认证是实现跨平台开发融合的关键。

1. 在产业元宇宙中，各个相近行业的独立元宇宙很可能会逐渐打通数据与行业标准，实现多行业共享互通。例如，不同工业领域的工业互联网可能会逐渐统一数据标准，融合形成工业元宇宙；智慧社区、智慧楼宇、智慧交通等可能会逐渐统一数据标准，融合形成智慧城市元宇宙。

2. 在消费者元宇宙中，各独立 IP 的虚拟体验不再以割裂的形式出现，会直接打通个人虚拟生活中的多个场景与虚拟元素，构建一个完整的虚拟生活场景和内容，实现多个平台虚拟资产及信息的流通及共享，例如，漫威英雄、孙悟空和韩国女团的虚拟演唱会都可能在同一个虚拟时空出现。

四、终局阶段

该阶段，元宇宙会达到完美状态，即全球只有一个去中心化的元宇宙平台，不受任何国家、企业、组织和人工智能中央系统的控制，实现 24 小时运行。

全面元宇宙时代，需要以无人时代为基础，只有达到了无人时代，全面元宇宙时代才能实现。即全球要实现共同富裕，共产主义社会要初步实现，人类在现实世界要按需无限供应。目前，现实生活 90% 以上的体力劳动和 50% 以上的脑力劳动都已经被人工智能替代，即机器人全面纳入人类生活，人类追求的将是更高的精神生活、生命健康和星空探索等。

人工智能技术极度发达，脑技术全面取得突破，可以植入芯片，种类丰富，基因技术极度发达，虚拟成像技术虚实难辨。安全技术完全可以解决所有隐患，人机互动技术异常发达。

元宇宙的商业机会

元宇宙之于我们究竟意味着什么？

每项技术的迭代和革新，都意味着新的契机和挑战，同时也是一个新的开始。

2021年，许多互联网公司已经对元宇宙践行了一系列动作，比如：脸书（Facebook）对外公布更名为"Meta"。作为一家大型互联网企业，从更名就可以从侧面看出元宇宙已真真切切地临近，现实社会与虚拟世界同构的时代正在咆哮而来。

目前，互联网发展的主要瓶颈是内卷化的平台形态，在内容载体、传播方式、交互方式、参与感和互动性等方面都缺少突破，导致"没有发展的增长"。

技术渴望新产品、资本寻找新出口、用户期待新体验，元宇宙就像一个具身性的互联网。在元宇宙，用户并不是简单地浏览内容，而是身处内容之中。从互联网1.0、2.0再到移动互联网，元宇宙完全有可能是接替移动互联网的下一个新的互联网时代。

一、元宇宙的价值逻辑

元宇宙是一个虚拟时空的集合，由一系列的增强现实（AR）、虚拟现实（VR）和互联网（Internet）组成。元宇宙具有独立的社群共识、独立的文化特征、独立的图片和视频等设计形态和风格，是一种独立的系列虚拟资产，可以反过来对实体世界造成影响。以区块链为基础的元宇宙，实现了文化创意与金融的融合，必然会产生巨大价值，引领人类进入不同的虚拟世界文明中。这也是元宇宙的价值逻辑所在。

1. 社群共识

元宇宙是一个去中心化的世界。在去中心化的模式下，支配整个世界的是社群共识。

有共同兴趣、爱好、想法的人聚在一起就能形成社群，多个具有共识的社群则能支撑起一个元宇宙。从这个意义上来说，没有社群就没有共识，没有共识就没有价值，元宇宙价值的基础逻辑主要依赖于社群共识。

社群是区块链的重要部分之一，更是区块链的灵魂。运用区块链技术，元宇宙就能实现互操作性、所有权的数字证明、资产（如NFT）的数字收集、通过加密货币进行价值转移、治理等。例如：区块链的哈希算法和时间戳技术，为"元宇宙"提供了底层数据的可追溯性和保密性；区块链的共识机制可以解决信任问题，使用分布式模型实现网络中各节点的自我认证。

此外，区块链技术支持下的元宇宙社群共识本身也是分布式的，主体无法控制社群共识，其既可以因某种原因建立，也可以一哄而散。可见，维系社群共识模式存在的基础是信用，目前社群的共识是清晰而有效的。

总之，在共识机制下，社群运行如同国家有了宪法、公司有了制度，能够保证社群的秩序运行。在元宇宙里，这种共识机制会由文字条款变成代码，写进区块链技术的智能合约里，只要达到条件，就能触发执行，任何人都无法干预，是真正意义上对机器的信任。

2.文化

每个元宇宙都有自己的独特文化。文化是形成长期社群共识的关键，尤其是其传递的价值观、世界观和文化元素是否具备长期生命力。元宇宙的文化会随着虚拟世界的发展和现实社会的变迁而演变，更有可能会贯穿其生命的整个周期。这种价值纽带主要体现在思想模式和行为模式两方面，如表1-2所示。

表1-2　元宇宙价值纽带说明

价值纽带		说明
思维模式	个人层面	在互联网和移动互联网时代，一方面，网络的便捷性为一部分"社恐"群体提供了更容易表达自我的社交平台，在匿名和易更换IP的包裹下，他们克服了现实世界中的社交恐惧，开始了与他人的接触；另一方面，在现实世界中人们担心被外部世界排斥，而低成本、高效的网络社交媒体为用户提供了方便的渠道，使得他们可以实时在虚拟世界中与朋友和社群保持联系，在一定程度上缓解了恐惧心理
	社会层面	现实中根本不可能拥有完全匿名的平台，即使在虚拟世界中，也是前台匿名，后台实名。因此，人们难免疑惑与恐惧——个人信息是否会被泄露？数据是否会被盗取？在虚拟的世界里曾以为可以分享秘密但会不会变得毫无秘密可言？而且，倘若未来出现电影中那样具有意识的人工智能NPC，我们与他们之间的信任关系如何，我们该如何面对这种虚拟人？人类社会的伦理与道德都将会受到致命的挑战

续表

价值纽带		说明
行为模式	人机关系	在元宇宙时代，一方面，机器成为人体的一部分，成为人们感官和肢体在元宇宙的延伸；另一方面，系统会成为我们的虚拟朋友，例如脑内智能管家，是我们随时随刻可以分享与倾诉的对象。智媒时代，群体性孤独现象颇多，siri、小冰等智能语音助手纷纷出现。它们通过情感识别、理解和表达等方式与他人进行沟通，在不同的情境中，通过情感交互满足人们的需求，以虚拟人格化的方式参与到人的社交网络中，对社会交往不足进行陪伴性补偿。因此，元宇宙时代，机器更智能，当虚拟和现实的一体化体验成为可能时，人与机器就可能互动得更生动、更自然
	人际关系	网络给一部分人提供了"重塑自我"的机会和权利，在现实世界中由于自身外貌、性格缺陷难以开展社交的群体，得以在虚拟世界中构建自己的数字身份，自我幻想出想拥有的人设，去与人交往。虚拟世界给人们提供了认识现实生活中无法认识的机会

总之，元宇宙不仅为人类社会提供了无限的想象力和可能性，还在思维模式和行为模式等两个方面推动了人类社会文化的重塑与建构。

3.NFT 资产

元宇宙以区块链为基础开始搭建时，最关键的元素就是 NFT。NFT 是凝结了元宇宙价值的载体，包括图片、视频等形态，在形成过程中，元宇宙也就具备了巨大的变现能力，比如，依靠衍生品变现。

元宇宙的 NFT 资产包括以下价值：

（1）唯一性。每个 NFT 都有唯一的哈希值，在世界上具备唯一性。

（2）纪念性。每个 NFT 都会记录其产生的时间，元宇宙中更为早期出现的 NFT 就会具备更大的纪念价值。例如 Cyberpunk NFT，从艺术价值上说并不高，但是它代表了人类NFT发展历史早期的重要记忆。

（3）溯源性。每个NFT都会将记录从创造者到每一个拥有者，保证交易历史的可溯源性。

（4）可变现性。通过NFT市场，可以实现NFT资产的变现；通过DEFI市场，可以抵押NFT资产得到资金；即元宇宙各种虚拟资产具备变现性。

二、元宇宙更是未来人类的生活方式

近年来，百度依靠智能视觉、智能语音、自然语言处理、知识图谱等在内的一系列领先的人工智能技术，推出了虚拟现实内容平台和虚拟现实交互平台，不仅大大降低了元宇宙世界内容的制作成本，还推动了硬件消费体验的升级，提高了内容生产的效率。

我们有理由相信，元宇宙完全可以成为平行于现实世界的人类第二空间。从本质上来说，元宇宙就是对现实世界的虚拟化和数字化进程，需要对内容生产、经济系统、用户体验和实体世界内容等进行大量改造。但元宇宙的发展并不是一蹴而就的，而是需要一定的基础设施、标准和协议，需要将众多工具和平台不断融合在一起，逐渐升级而成。

在评估元宇宙将如何影响我们的生活之前，可以先来看看过去一两年发生的事。

1.虚拟演唱会。美国著名流行歌手Travis Scott，在游戏《堡垒之夜》(Fortnite)中，举办了虚拟演唱会，全球1230万游戏玩家成为虚拟演唱会的观众。

2. 虚拟教育。在沙盘游戏《我的世界》和 Roblox 上，家长可以为孩子们举办生日 Party。

3. 虚拟金融。随着投资"元宇宙"资产基金的设立，逐渐形成了全方位虚拟化"元宇宙"的资产和财富模式。

4. 学术活动虚拟化。在《动物森友会》（Animal Crossing Society）上，全球顶级 AI 学术会议 ACAI 举行研讨会。

5. 虚拟创作。Roblox 对整个游戏生态造成了影响，其吸引的月活跃玩家超 1 亿人，创造了 1800 万多个游戏体验。

除了上述已经实现的，元宇宙还可能是未来人类的生活方式。

元宇宙成功地将虚拟和现实连接在了一起，丰富了人们的感知，提高了体验，延展了人的创造力和更多的可能性。

通过元宇宙，人们能获得涵盖游戏、社交、内容和消费的体验，甚至拓展更多的结合线上线下一体化的体验，步入千行百业数字化的全真互联网时代。

通过元宇宙，人们可以享受到极致沉浸 + 交互的体验，提高生活、工作的效率，降低人力成本、资源成本、时间成本和交易成本。

如果说艺术来源于生活而高于生活，那么，元宇宙同样也会源于生活且超越生活。

元宇宙的最终形态是怎样的

元宇宙是将多种新技术整合到一起，产生出来的一种虚实相融的互联网应用和社会形态。其以扩展现实技术为基础，可以为用户提供沉浸式体验；运用数字孪生技术，能生成一种现实世界的镜像。运用区块链技术，就能搭建经济体系，将虚拟世界与现实世界密切融合在一起；同时，还允许用户进行内容生产和编辑。

一、元宇宙即区块链

区块链是元宇宙的重要技术支柱，是构成元宇宙的重要因素，异常重要。在元世界的相关技术里，离开了区块链，元宇宙很可能永远都只是一种游戏形态，借助区块链，其就能为虚拟世界和现实世界搭建一个桥梁，将"虚拟世界"变成"平行宇宙"。如此，不仅可以保障用户虚拟资产和虚拟身份的安全，实现元宇宙中的价值交换，还能保障系统规则的透明执行。可见，元宇宙就是区块链。

作为元宇宙实现升维的关键技术，在区块链的加持之下，通过开放、高效、可靠的去中心化金融系统，元宇宙将会加速构建。未来我们将在元宇宙中工作、学习、娱乐，创造新的数字财富，元宇宙中的智能经济体系主要依靠于区块链和智能合约而实现。

运用区块链技术，就能在数据隐私保护、信息安全共享、价值确权传递等领域，构建元宇宙的底层价值，让"元宇宙"中的数据和价值传递过程变得更高效、更可靠、更安全，让个人数据真正实现资产化，提高产业协作的效率，让社群治理变得更透明。运用智能合约，链上功能就能自动执行，智能经济也就有了"底色"。

如今，将 NFT 作为价值标志物，已经成为元宇宙的商业模式之一。作为元宇宙里的价值标志物，NFT 的发明就是为了将来在元宇宙中使用。同时，元宇宙使得区块链首次有了 TOC（即发现用户需求、定义用户价值）的途径。过去，区块链根本就找不到 TOC 的途径和方向，而元宇宙的出现，却可能将区块链技术和元宇宙中的数十亿用户紧密联系在一起。

总的来看，元宇宙在当下仍然是人们对于未来科技如何改变人们生活的合理畅想，但当区块链等技术真正进入元宇宙后，虚拟与现实交汇，必然将碰撞出绚烂的火花；同时，区块链的技术价值会在元宇宙不断推动实体经济与数字经济的深度融合中逐渐显现，为元宇宙提供一个开放、透明、去中心化的协作机制。

二、让虚拟现实实现升级

在元宇宙中，XR（扩展现实）不仅融合了多种技术，主要包括：实时图形渲染引擎、跟踪系统、媒体服务器、渲染器、XR 播控软件等；还应用了 AR 和混合现实 MR 技术，AI 技术与 XR 技术呈现出的更多效果，让虚拟现实成功实现了升级，带来了超预期的科技变革。

元宇宙与 XR 的融合，其连点成线的技术创新潜力远超人们所有的想象。如同乔布斯的"项链"比喻一样，iPhone 的出现，不仅将多点触控屏、iOS、高像素摄像头、大容量电池等单点技术串联在了一起，还重新对手机进行了定义，开启了移动互联网时代。

在逐渐接近元宇宙的 iPhone 时刻，算力不断提高、高速无线通信网络、云计算、区块链、虚拟引擎、XR/VR/AR、数字孪生、机器人等技术创新逐渐聚合，包括 XR 虚拟制作技术在内的科技手段将融通数字世界及物理世界或能成为接近于空间无限的开放世界。这不仅是科技与人文的结合，也是科技对人的体验和效率赋能，更是技术对经济和社会的重塑。

所谓 XR 虚拟制作技术，就是依靠现实又超脱现实，承载着人们更多的想象力和创造力。在元宇宙生态中，不仅会带来更多的技术积累和突破，还能带来虚拟世界与现实世界的高度融合，进一步提高广告、影视剧拍摄、线下活动等行业的运转效率、运转模式和交互方式。

在 XR 的几种技术中，AR 的民众基础最大，为人们所熟知，仅 AR 应用就能让人大开眼界：

1.在游戏之外和镜头之下，还有一片属于 AR 的天地，比如，AR 相机可以通过 3D 视觉技术，针对室外场景进行检测和运算，以最快的速度呈现出 AR 特效。

2.AR 导航，视野正前方的 AR 景象，可以给用户带来"平视"导航新体验，开启逆转"低头族"新趋势。

3.AR 军用，2018 年美国陆军一次性采购了 10 万台 HoloLensAR 眼镜，用于战斗任务和士兵训练。

4.AR 游戏的体验畅快淋漓，火爆全球。

仅就 XR 来说，未来 XR 能模拟的感官体验确实能让人们耳目一新，如表 1-3 所示。

表1-3　感官体验说明

视觉体验	XR带来的视觉体验，还能根据VR、AR、MR的区别进行不同的呈现。AR看到的是现实环境中出现的虚拟内容；MR的视觉体验中既有AR又有VR，虚拟的内容可以映射在现实环境里，还能用设备对虚拟影像进行处理
听觉体验	XR技术下的听觉体验，可以带来3D版沉浸式音频体验。简单来说，就是声音来自四面八方，但人们能站在舞台中心听音乐
味觉体验	可以最直观地将吃东西的味觉呈现出来的是舌头，而XR技术模拟味觉体验，可以从眼睛、耳朵甚至记忆上入手
触感体验	XR技术的触感体验，就是模拟人们接触时的感觉。比如，戴上装备，手中本来什么都没有，却感觉好像在拆桌子
嗅觉体验	通过气味装备的改变，根据你看到的、摸到的内容，将最贴近的味道反馈出来。比如，"看见"有人递过来一束花，伸手接过来，可以真实地触摸到花的重量，闻到花的香味
第六感	比如，医生在做手术前，用XR技术进行模拟操作，运用机器学习和人工智能，提供咨询服务，从而提高手术的成功率

从某种意义上讲，XR、5G、云计算等底层技术不断发展，打造元宇宙基石，XR 是元宇宙的第一入口，算力是元宇宙最重要的基础设施。因此，XR 的发展离不开显示技术、5G 等技术的支持，而元宇宙从概念落实离不开 XR 的发展。而借助元宇宙火起来的 XR，可以借助资本的力量继续打磨技术、打磨产品等。

三、带来"杀手级应用"

5G 具有高速度、低功耗、低时延、万物互联等特点，例如，实时互动的游戏，其低时延在很大程度上决定着用户的游戏体验。随着智能设备、可穿戴设备等联网需求的增加，人类就能以更快的速度步入智能时代，运用 VR、AR、MR 等打开元宇宙大门，实现元宇宙的成功落地。

5G 建设的不断快速推进，可以有效解决元宇宙用户的进入问题：一方面，跟 5G 融合到一起，元宇宙就能成为 5G 的第一个杀手级应用；另一方面，5G 可以进一步催生元宇宙，并对现实世界造成一定的影响。

1. "5G + 云计算" 让元宇宙成为可能

5G 依靠大带宽、低时延、广连接的特性为元宇宙的实现提供了网络基础，云计算则为元宇宙提供了强大的技术支持。例如，云游戏作为 5G 杀手级应用将有望率先大范围落地。云游戏技术将游戏的内核和渲染运算过程都移至云端完成，并将输出结果以视频流的形式返回给用户终端，使得用户通过移动设备便可以体验 3A 级游戏产品，这种打破对终端设备性能和配置的要求壁垒方式，提高了元宇宙未来进行大范围渗透的可行性。

在算力领域，硬件计算能力及边缘云计算能力的发展将进一步升级用户低时延和高拟真的体验。首先，硬件计算能力尤其是 GPU 计算能力的不断提高，可以进一步升级元宇宙和云游戏的显示效果，使得更加拟真的场景和物品建模成为可能；其次，通过边缘云计算，可降低对终端设备性能的要求，拥有实现更高渗透率的潜力。同时，通过对边缘计算节点的建设，可以缩短信息流传输的距离，从而降低元宇宙网络传输部分的时延。

2. "5G + XR" 开启了元宇宙 "芯" 入口

电影《头号玩家》里有一句经典台词："绿洲是主人公一手打造的虚

拟游戏世界，在这里唯一限制你的是自己的想象力。"其实，在现实世界中，很多人都认为互联网的未来是类似的虚拟世界，只不过这个代号不是"绿洲"，而是"元宇宙"，5G + XR 就是通往元宇宙打开"芯"的入口。XR 是元宇宙时代的硬件 VR、AR、MR 融合在一起的统称。

（1）中国移动。在 2021 年的世界 VR 产业大会上，中国移动创新发布虚拟 VR 生态系统合作体系、AR 数字孪生云平台、移动云 VR 平台，现场展出 20 多项前沿科技，涵盖工业、医疗、文旅、教育、智慧城市等多个领域。

（2）中国电信。中国电信以"夯实 XR 新基建拥抱智慧新生活"为主题，设置了品牌宣传区、智慧家庭区、5G 能力区、云 VR 体验区、行业应用区等五大区域。其将 5G + VR/AR 技术应用到智慧文博，实现了交互手段的创新，策划出沉浸式游览线路、巨幕影院和 VR 游戏等几个项目。

（3）中国联通。中国联通携手 VR 动感单车、VR 滑雪机、VR 射击对战等 5G + XR 创新应用，跟随联通 5G 星球聚合运营服务平台精彩亮相。

三大运营商以实际行动证明，在 5G 技术的加持下，VR 等 XR 类技术将引领元宇宙时代的到来。

3. "5G +数字孪生技术"伸展了元宇宙应用场景

在 5G 时代，数字孪生已成为推动各行业转型发展的重要技术。运用"5G+ 数字孪生技术"，不仅能完成元宇宙再现现实的任务，还能进一步扩大数字孪生的应用范围。

在新基础设施建设的背景下，数字孪生逐渐成为运营商 5G 赋能未来的关键技术，并已在许多场合得到应用。中国移动咪咕与数字孪生体联盟等联合发布的《中国5G城市数字孪生白皮书》通过分享数字孪生技术在行业中的应用实践，不断推进数字孪生技术的标准化。

随着5G网络技术对数字孪生的不断赋能，5G+数字孪生的应用场景必然会更加丰富。在数字孪生技术高效率的推动下，在不久的将来，元宇宙完全有可能成功再现现实世界和构建数字世界的愿景。

四、实现数化和数治

元宇宙是人类用智慧操控数据去搭建一个虚拟世界，将大数据融合到一起，实现数字化和数治化。

1. 元宇宙的数字化

元宇宙是时间和空间的数字化，由此人类的数字化生存是元宇宙的终极形态。比如，现实生活中有什么，元宇宙中就有什么，人们可以通过数字构建出九大行星、山川河流等，人们可以穿行其间，可以做出很多只有电影中才会出现的动作，并得到高度的精神食粮。

又如，元宇宙可以给智慧城市系统带来数字化转型。对社会系统来说，无论是智能体模型，还是神经网络，都无法进行全面的模拟和计算。而只要跟人进行连接，市民和利益相关方就能以多种方式参与到城市运行的决策过程中，用自己的智慧弥补机器的智能，这可能也是让城市实现真正智慧的捷径。基于元宇宙思维构建的平行数字系统，市民就能多层次地参与到与城市系统的虚实互动、交互反馈中，进一步完善系统以及自适应优化。

从技术角度来说，这种数字系统不一定有多复杂、多难，既可能是基于 AR、VR、MR 的全真互联体验，也可能是基于社交平台和小程序快速搭建的轻应用入口。

此外，元宇宙是数字世界的虚拟空间，可以实现基于资产数字化。其实，NFT 已经成为最契合元宇宙的方向。简单来说，NFT 是一种"非同质化通证"，独一无二，不可分割。其主要在区块链上发行，权属清晰，数量透明，转让留痕。

2. 元宇宙的数治化

"数治"即数据治理，也就是依数而治、循数而治，即凭借收集、分析和处理等方式来治理国家，开展相应的数据治理。这里，数治并不是简单意义上的数据治理，而是一种思想理念，跟法治和德治一样，也是元宇宙的一种治理方略和调控方式。

从某种意义上说，基于"大互联网路线"的元宇宙客观的数据治理问题。比如互联网巨头对数以十亿计用户数据以近乎零的成本实行占有和剥夺，形成了事实意义上的"数字资本主义"，阻碍了数据的确权、定价和流转。而区块链作为一项数据治理技术，可从源头实现对数据的确权，在数据脱敏的前提下通过隐私计算获取数据的使用价值，并在二级市场通过流转交易形成市场价值。这也是元宇宙数治化必选的重要路径。

五、让云宇宙得到智能化支撑

元宇宙离不开算法。所谓算法，就是为了解决特定问题而对一定数据进行分析、计算和求解，是一种有限、确定、有效的解决问题的方法。人工智能、深度学习等"算法"为元宇宙提供了智能化支撑。

算法建立在大数据和机器深度学习的基础上，具备极强的自主学习与决策功能，为元宇宙时代全新的认识和改造元宇宙世界提供了方法论。首先，从算法本身来看，它已经对个体的决策和行为造成了深远影响；同时，算法和数据相结合逐渐成为市场竞争的决定性因素；此外，算法还逐渐变成影响公共行政、福利和司法体系的重要依据。

算法为元宇宙世界提供的方法论，具体体现在以下几个方面，如表1-4所示。

表1-4 元宇宙算法方法论说明

方法论	说明
让元宇宙实现了数字化	现实中的宇宙，时间和空间是连续的，也可以说，时间和空间本身就是人为意义上的数学概念，而人类进化的标志就是创建概念，用逻辑"符号系统"将概念联系起来，对人类的感应信息进行映射。元宇宙则是时间与空间的数字化，以及数字化时空中的各种算法化。元宇宙将时间和空间数字化，其实就是通过符号系统（即算法化）进行的
助力虚拟对象智能化	元宇宙可以将虚拟与现实世界高度融合到一起。在元宇宙中，虚拟对象是一个重要的存在，如同2013年奥斯卡获奖电影《她》展示的一样。在这部电影中，一次偶然的机会，主人公接触到了最新的人工智能系统OS1，其化身Samantha，不仅拥有迷人的声线，还温柔体贴，幽默风趣。为了满足自己的需求与欲望，主人公沉浸在了由声音构筑的虚拟现实中，最后居然爱上了这个人工智能系统
交互方式智能化	算法的日益精进，可以极大地提高智能交互体验，将视觉、听觉、嗅觉等感知通道融合到一起，带来全新的交互体验，让虚拟现实真正"化虚为实"。而对于虚拟现实的内容研发来说，算法的进步必然会带来内容生产的智能化。运用人工智能，不仅能提高虚拟现实制作工具、开发平台的智能化和自动化水平，还能提高建模效率以及虚拟现实内容的生产力

在这三个方法论中，第一个相对宽泛，包括算法和元宇宙两个维度，有助于深入了解算法与元宇宙的关系；后两个则相对狭窄，是具象的、细化的，是可以成功落地实施的细分领域，实用价值较大。

元宇宙，颠覆现有科技产业的未来

似乎在一夜之间，元宇宙就火了起来，这也是人们对元宇宙最直观的感受。其实，真正了解元宇宙的人寥寥无几，人们多半都将它看成是一个概念，而不是一种真实的存在。从概念的角度来看待元宇宙，所谓的元宇宙，很可能就真的变成了一个概念。

其实，元宇宙并不是我们想象的那么简单。随着人们对元宇宙的理解越来越深入和全面，尤其是当越来越多的企业纷纷开始局部元宇宙时，人们对元宇宙已经有了全新的认识。无论是国外的 Facebook，还是国内的腾讯，都将企业发展的重点转移到了元宇宙的相关概念上。同巨头布局元宇宙的热情相同，资本市场也将关注焦点聚焦在了这里……至此，一场以"元宇宙为主要概念"的发展由此拉开序幕。

元宇宙为何会备受追捧？很多人认为，它是对传统世界生活方式的再定义。其实，仅将元宇宙的爆红归结于此，显然太过简单。元宇宙对传统元素的颠覆性再造，只是其中的一个方面，真正引发人们兴趣的，并不只是如此，而是因为元宇宙找到了联通虚拟世界和真实世界的通道，成了一个可以融合虚拟互联网的概念。

元宇宙是未来的互联网发展方向，不仅可能颠覆游戏，还可能颠覆社会形态，比如：工作、教育、娱乐、社交等。由此可以推断，未来每个人都会有一个永生的虚拟人格，即使肉体死亡，虚拟人格依然会在虚拟世界中进化。

一、元宇宙带来的独特景观

随着元宇宙的到来，虚拟与现实的边界变得愈发模糊。连接现实世界和元宇宙的超写实数字人（metahuman），似乎也在一夜之间进入了人们的生活，占领了大屏小屏。数字人在现实世界的创造热点，是元宇宙带来的"后人类时代"才会发生的奇特景观。

2021年6月新华社推出了"数字记者"小诤。神舟十二号飞船成功上天后，小诤在太空展开报道，异常真实可信。

在国外，艺术家打造的数字人形象早已占领各大社交平台，成为"后人类时代"的弄潮儿。比较知名的有巴西 – 西班牙混血少女Lil Miquela、noonoouri等虚拟网红；在韩国，还出现了以eternity为代表的虚拟女团。

从最初的二次元偶像洛天依，到美国的Lil Miquela，再到中国的翎、阿喜等，数字人产生的商业影响力显而易见。虚拟世界的人物，跨次元来到现实世界，被越来越多的大众所接受，甚至还得到了社会主流的认可。这种对数字人物的高度包容，也让元宇宙被大众接受的可能性更高。

2021年，AYAYI在国内脱颖而出。"520"期间，AYAYI在小红书发布了第一篇笔记，得到了约300万的阅读量，一夜涨粉近4万。这是国内首个超写实数字人，形象几乎贴近真人，无论是肤质和发质，还是微表情等，都高度还原了真人，还能依据不同的光影条件作出相应的模拟和渲染。

2021年6月上海召开的一次品牌活动中，AYAYI"打卡"成为人们关注的焦点。过去"追寻明星网红打卡点"的现象，反过来成了"明星网红追寻AYAYI打卡点"。

二、元宇宙将出现在越来越多的使用场景中

今天，以天猫为代表的企业正致力于数字化新路径的探索，即虚拟数字化，拥抱元宇宙。这种新尝试，既是必要的，也是必然的。随着AI技术、图像合成等数字技术的持续发展，企业已有能力、有动力塑造更加完美的虚拟世界和虚拟形象，适应市场更高的审美需求，迎接元宇宙的到来。

随着消费群体年轻化、社会数字化转型的不断推进，元宇宙必然成为新型消费活动的载体，创造出新的风口。其中的机遇，一方面来自虚拟偶像在年轻消费群体中的号召力。数字人更加真实、更加可控，粉丝参与度更高，蕴藏着巨大的商机。艾媒咨询数据显示，2020年中国虚拟偶像核心产业规模为34.6亿元，同比增长70.3%。另一方面来自元宇宙本身。元宇宙的发展分为三个阶段：第一阶段，元宇宙以游戏等娱乐领域为主要发展方向；第二阶段，元宇宙开始渗透，提高了人们的生产生活效率；第三阶段，元宇宙渗透到生活的方方面面，终局形成。

未来10年，元宇宙概念必然会集中在社交、游戏、内容等娱乐领域，但随着人们对它的进一步挖掘，它会出现在越来越多的使用场景中，引发更多令人意想不到的消费需求。

三、国内大咖积极布局元宇宙

在元宇宙领域的布局上，国内大咖的起步虽然比国外巨头晚一些，但在投入和发展速度上依然值得借鉴。

在北京大学汇丰商学院联合安信证券发布的《元宇宙2022——蓄积的力量》(下称《元宇宙2022》)研究报告中，将各大厂商对元宇宙的研究探索分成为：底层架构、人工智能、内容与场景、后端基建、硬件入口和协同方六大组件。

1. 百度

百度是国内最早大规模探索AI领域的互联网公司，其布局元宇宙的资源禀赋主要体现在人工智能与硬件入口两个方面。目前，百度已经形成了全方位的人工智能生态体系，以百度大脑为底层技术核心引擎，借助飞桨深度学习平台、百度昆仑芯片和DuerOS平台与智能硬件，深化了AI技术在B端客户侧的商业化；同时，还通过AI赋能云服务，以百度智能云为载体，加快了AI在各行业的商业化。

2. 腾讯

腾讯的元宇宙布局，有着他人无法企及的优越条件。通过资本(收购&投资)+流量(社交平台)组合，腾讯将有机会像搭积木一样探索与开发元宇宙。按照《元宇宙2022》划分的研究框架六大组件，腾讯在底层架构、后端基建、内容与场景三大方向上，进行了大量布局。

3. 字节跳动

在国内元宇宙领域，字节跳动是一个有力的推动者。2021年9月，字节跳动收购了国内头部VR厂商Pico。

IDC发布的《2020年第四季度中国AR/VR市场跟踪报告》显示，Pico位居中国VR市场份额第一，其中第四季度市场份额为37.8%。除沉浸式硬件外，字节跳动也密集入局芯片和半导体领域，提高了自身的元宇宙实力，比如，在底层架构上，投资代码乾坤、维境视讯等；在内容与场景上，布局短视频、游戏、VR社交等。

4. 华为

华为布局元宇宙，重点在于扩展显示(XR)核心环节自主权的争夺与5G行业标准的制定。

XR方面，华为不仅发布XR专用芯片，游戏控制器与VR头显相关专利，还集结了5G、云服务、AI/VR/AR等一系列前沿技术，同时通过自研、扶持开发者、与游戏厂商合作等形式，丰富了鸿蒙内容生态。

5G方面，华为是全球端到端标准的最大贡献者，在端到端的网络端、芯片端、终端等都占据主导地位，真正构建网络－芯片－终端的端到端能力。

目前，华为在硬件及操作系统、底层架构、后端基建三大方向上进行了扎实的布局。

5. 网易

在国内厂商的元宇宙探索方面，网易是一个极有特色的玩家。如今，网易已经在硬件入口、人工智能、底层架构、内容与场景四大方向上实现布局，已经在VR、AR、人工智能、引擎、云游戏、区块链等元宇宙相关领域，拥有全球领先的技术储备，完全具备探索与开发元宇宙的技术和能力。

6. 小米

小米在元宇宙研究框架的布局，主要围绕硬件入口、内容与场景两大方向展开。

硬件入口方面，小米早在2018年就联合Oculus推出了定价为1499元的小米VR一体机，延续了自身"高性价比"的产品特征。2021年，小米推出智能眼镜，体现了在XR硬件的持续探索。

内容与场景方面，是小米切入元宇宙的着力点。2021年小米联合中国移动发布"立方米"计划，凭借智能手机与电视沉淀的用户，切入云游戏生态，这也是小米依靠智慧大屏布局元宇宙的重要尝试。

第二章　元宇宙的本质

中外名家眼中的元宇宙

在国内外名家眼中，对于元宇宙的概念有着不同的看法：

Roblox CEO Baszuck

元宇宙是一个将所有人联系起来的 3D 虚拟世界，人们在元宇宙拥有自己的数字身份，可以尽情互动，并创造任何他们想要的东西。Roblox 只是创造元宇宙用户的"牧羊人"，我们不制作，不控制任何内容。元宇宙有八大特征，分别是：身份、朋友、沉浸感、低延迟、多元化、随时随地、经济系统和文明。

著名风险投资人 Matthew Ball

元宇宙应具有六个特征：永续性、实时性、无准入限制、经济功能、可连接性和可创造性。元宇宙不同于"虚拟空间""虚拟经济"，或仅仅是一种游戏抑或 UGC 平台。在元宇宙里有一个始终在线的实时世界，多人可以同时参与其中。它将有完整运行的经济、跨越实体和数字世界。

谷歌 CEO Sundar Pichai

随着时间的推移，计算机将适应于人，而不是人适应计算机。因此，正如我们当下与人交谈、互动一样，计算机在未来也将变得更加身临其境。只要我们需要它，它就会在。马化腾认为将虚拟的世界变得更加真实，让真实的世界更加富有虚拟的体验，这是一种融合的方向，也是腾讯未来的大方向。

微软 CEO Satya Nadella

说起元宇宙，我们认为它是一个新平台，也是一个新的类型应用，类似于 90 年代初我们对网络和网站的看法。在某种意义上，元宇宙可以让我们将计算嵌入到现实世界中，并将现实世界嵌入到计算中，为所有的数字空间带来真实的存在。

谷歌前 CEO Eric Schmidt

所有谈论元宇宙的人都认为，那将是一个比现在更强大的世界：人们将更富有、更英俊、更美丽、更强大、更快速。因此，在不远的未来，人们会戴着护目镜在元空间里花费更多的时间。到那时候，世界将变得更加数字化而非实体化，而这对人类社会来说，不一定是最好的事情。

腾讯 CEO 马化腾

2020 年，马化腾称元宇宙是一个令人兴奋的机会，他说："元宇宙是个值得兴奋的话题，我相信腾讯拥有大量探索和开发元宇宙的技术和能力，例如在游戏、社交媒体和人工智能相关领域，我们都有丰富的经验。"

Facebook CEO Mark Zuckerberg

当下，Meta 被视为一家社交媒体公司，而元宇宙作为下一个前沿领域，目前所处的阶段正如 Meta 刚起步一样，不需要在屏幕上花费更多的时间，而是要让已经在元宇宙领域花费的时间变得更值得。

微软 CEO Satya Nadella

元宇宙是一个新平台，也是一个新的类型应用，类似于 90 年代初对网络和网站的看法。元宇宙可以通过计算将我们嵌入到现实世界中，同时，也能将现实世界嵌入到计算中，为数字空间创造真实的存在。

英伟达 CEO 黄仁勋

为了弥补无法进行的事实，我们浪费了一大堆东西。我们想模拟元宇宙中的所有工厂，想在 Omniverse 上模拟元宇宙中的所有工厂，在 Omniverse 上模拟世界电网。这样做，可以减少浪费，让企业的经济受益良多。

Meta 董事长兼 CEO 徐迅

我们今天被视为一家社交媒体公司，而元宇宙是下一个前沿领域，就像我们公司刚起步时，社交网络被视为未来发展的重要领域一样。不要将更多的时间浪费在屏幕上，要让已经花费的时间变得更有价值。

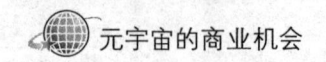

百度副总裁马杰

对于元宇宙，大家先要务实和冷静，当下应解决的问题是 VR 设备的画质差、体验差和内容少等痛点。对于元宇宙，马杰预测到 2022 年下半年或 2023 年，元宇宙的热度会回归平静。

字节跳动产品和战略副总裁朱骏

字节跳动看好 VR/AR 技术未来在办公、学习、视频、娱乐等各领域的应用，但跟元宇宙概念没有关系。字节跳动仍旧会保持脚踏实地的风格开展具体工作。

Epic Games CEO Tim Sweeney

真正到达终点需要十年甚至更长时间，但我认为这正在发生。这是一种比今天更好的在线体验，不需要虚拟现实耳机或"花哨的新硬件"来体验元宇宙，我们基本上拥有现在需要的所有技术。

戴尔科技董事长兼 CEO Michael Dell

进入人工智能、药物发现领域，或进入自动驾驶领域、元宇宙或区块链领域……都有一个共同点，即巨大的数据量，且数据量还在不断增长。

科幻作家刘慈欣

人类的未来，要么走向星际文明，要么沉迷在 VR 的虚拟世界。如果人类在走向太空文明以前就实现了高度逼真的 VR 世界，这将是一场灾难。

……

总的来说，每个新事物的诞生都会给世界带来重新的洗牌机会，无论是从 PC 互联网到移动互联网时代，还是到现在的元宇宙。无论如何，元宇宙对于我们，不仅是一场美梦，更是一个近在眼前的未来。从功能层面来说，元宇宙是一个承载虚拟活动的平台，用户能进行社交、娱乐、创作、展示、教育、交易等社会性、精神性活动；

元宇宙为用户提供了丰富的消费内容、公平的创作平台、可靠的经济系统、沉浸式的交互体验；

元宇宙能够寄托人的情感，让用户有心理上的归属感；

用户可以在元宇宙体验不同的内容，结交数字世界的好友，创造自己的作品，进行交易、教育、开会等社会活动。

元宇宙是一种效率革命

为什么需要元宇宙？从意义上来说，元宇宙是一次效率革命。

从电报、电话到互联网、视频通话，信息化技术越高，效率越高，这一点不需要证明。目前，视频会议依然无法替代面对面的交流，否则也就不需要那么多飞机航班了。在一个小小的屏幕上扫码点菜，更方便，更直观。也就是说，我们在信息化、数字化等方面还有极大的进步空间。

元宇宙可以极大地提高人和人、人和场景、人和物、资金等的连接效率。

把不同地点的人、场景和物理世界的物或虚拟的物，瞬间无缝地聚合在一起，就能创造一种身临其境的感觉，继而极大地提高人和人的协作效率。如此，不仅能消除交通成本，还可以通过 AI 技术实现实时的语音翻译，也可以帮助聋哑人即时翻译出字幕。足不出户，就能游览各大名胜景点，还可以浏览海量的虚拟创作，以及进行二次创作。任何人都可以无成本创作，无成本分享给其他人。

一、在元宇宙世界，可以打破跨区域、跨行业的壁垒

元宇宙世界来临，里面的虚拟世界是互通的，用户可以去任意想去的地方，可以随时随地切换现实世界和元宇宙世界，可以提高社会运转效率。例如，公司突然要召开紧急会议，可以进入元宇宙中进行，提高工作效率，提高公司的运转效率，每个个体的运转效率提高了，整个社会的运转效率也会提高。

跨时代的技术，一般具有两个特点：1.通用性，各行各业都能从中获益；2.通过效率的提高，释放人类的潜能。

在元宇宙世界里，跨区域、跨行业的壁垒将被进一步打破。不管人们生在非洲，还是生在美国，都不会出现根本差异，社会的精细化分工将进一步深入，每个人都有机会做自己最喜欢、最擅长的事情，最大限度地释放个人潜能。

老师的传业布道解惑，不会局限在教室里，而是在每一个时空角落，在元宇宙的世界里原有的"传统"将被完全打破。任何人都有机会在一个细分方向找到志同道合的人，并将这个细分方向发挥到极致。

如果说，在信息革命中，信息会呈爆炸式增长。那么，在元宇宙世界里，信息将会被极致压缩，然后在一个单点进行无限放大，通过底层的加密货币，将不同行业、不同世界联系起来，通过POW来进行兑换，让每个人类个体的全部潜力释放出来，并最终回馈给整个社会。

二、元宇宙的稳健运营，需要5大体系的支持

随着应用场景的不断成熟，未来元宇宙多半都会演化成一个超大规模、极致开放、动态优化的复杂系统。该系统由多个领域的建设者共同构建完成，涵盖网络空间、硬件终端、各类厂商和广大用户，实现虚拟现实应用场景的广泛连接，展现为超大型数字应用生态的外在形式。具体来说，五大体系如表2-1所示。

表2-1　元宇宙技术支持五大体系说明

技术支持	说明
技术体系	作为一种多项数字技术的综合应用，元宇宙技术体系将呈现出显著的集成化特征。一方面，元宇宙运行的技术体系包括扩展现实(XR)、数字孪生、区块链、人工智能等单项技术应用的深度融合，可以凭技术合力实现元宇宙场景的正常运转；另一方面，元宇宙将与生产活动具有更加紧密的关联性，元宇宙技术体系多半会接入更多不同的产业技术，产业技术将成为元宇宙技术体系的重要组成部分

续表

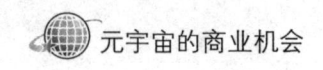

技术支持	说明
连接体系	随着新一代信息技术的持续深入，社会发展将日益网络化，元宇宙的连接体系拓展过程正好与社会网络化这一趋势相遇。元宇宙的连接体系主要包括两部分：内部连接和外部连接。内部连接，即元宇宙内部不同应用生态之间的连接；外部连接，即元宇宙与现实世界的连接
内容体系	随着视觉仿真因素的全面融入，信息传递会从二维平面升级到三维立体空间，未来内容输出形式也会更加生动灵活，有力增强用户的真实感、临场感和沉浸感，极大地扩充和丰富元宇宙的内容体系。元宇宙的内容体系主要涵盖两大类型：一类是娱乐、商业、服务等传统网络内容的立体化呈现；一类是文化和创意产业的进一步融合，衍生出一系列新内容，即虚拟世界的创造物
经济体系	元宇宙经济是实体经济和虚拟经济深度融合的新型数字经济形态，具有始终在线、完整运行、高频发生等特征。从交易角度来看，正常运转的元宇宙经济体系包括4个基本要素： 商品，既有现实世界在元宇宙中的数字化复制物，也有虚拟世界全新的创造物； 市场，元宇宙中商品和服务的交易场所； 交易模式，元宇宙中将有去中心化金融（De-Fi）、不可替代的代币（NFT）等多种共存的交易模式。 安全，保障交易活动规范有序的安全要素
法律体系	只有依靠法律的保驾护航，才能有效解决元宇宙这一新生事物可能引发的各种问题，有效推进其健康发展。 元宇宙的法律体系包括三部分内容： 现实法律的重塑与调整，为规范虚拟主体人格奠定基础； 保障元宇宙经济社会系统正常运行的交易、支付、数据、安全等法律规范； 对元宇宙开发和应用进行外部监管的法律法规

元宇宙的本质

互联网本质：信息与视听体验的数字化

互联网是当今时代最重要的一场技术革命，从根本上改变了原来世界的一切，但实际上，互联网对于人类生活的改造还远没有结束。

如今，互联网已经成为常态，但工业时代的商业思维惯性仍然在继续，比如，营销策划思维、活动卖货思维、说服技巧思维等，以此为基础来谈论互联网化和"互联网+"，只能走进一条死胡同，为了拥有一个更美好的未来，在新的时代背景下，就要把焦点放在企业的再次创业、转型、创新和发展上。

从"互联网"这个词来看，互联网的本质就是联、互、网。三个字听起来很简单，用起来却非常考验一个人的功力，且奥妙无穷。

一、互

1.互动的发展阶段

互，即互动，主要包括三个阶段，如表2-2所示。

表2-2 互动的三个阶段说明

阶段	说明
1.0阶段	BBS互动社区，虽然现在看起来极其简陋，但早期的互联网用户却拥有极大的"热情"和浓浓的参与感

续表

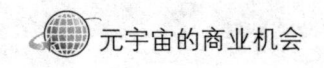

阶段	说明
2.0阶段	互动社区已相对成熟，以"单向关注"为最大特征。"关注"是最主要的产品形态和互动模式
3.0阶段	Facebook、微信等产品，最大的特点是双向互动，任何人跟任何群体之间，都可以在瞬间发生多维的互动。这是"互动"的一个深入

2. 何为互动？

所谓互动，就是与用户打成一片，真正做到"以用户为中心"。举个例子：用打车APP打完车，司机和乘客互相给个评价，这就是互动。

在线之后，至关重要的下一步就是互动，是人与人、人和物的相互反馈，比如：喜欢、不喜欢、评价、交谈，以及接下来的改进或反馈。这是一个用户和服务提供者通过产品交互的过程，有来有往。

互动是在线的基本驱动，没有互动，连接只能是表面文章。

在传统商业中，企业成功与否，有点像对赌，因为多数时候取决于其对用户需求的猜测是否准确。而在互联网时代，通过互动，就能在第一时间了解到用户的态度，跟用户说话，从而使有"以用户为中心"意愿的企业真正具备"以用户为中心"的能力。

3. 互动为何如此重要？

互动关乎用户体验。所有时代的商业都异常重视用户体验，但只有互联网时代，将"用户至上""极致的用户体验"第一次成为商业竞争的唯一支点。用户做出反馈，产品才能及时优化；当产品优化，海量用户就能第一时间体验给出反馈……这一过程不断往复，产品不断迭代，就能打造出极致的用户体验。

互动可以从极简单的开始，比如：点赞，然后谈论，提建议。大众点评上顾客对餐厅的评价、淘宝网上买家对卖家的评价等，从本质上来说，都是一个互动的过程。Tesla（特斯拉）汽车就是最新的例子。该公司根据用户的实际使用行为、实时使用数据和反馈，即使不用远程 recall，也能随时升级产品系统和用户体验。

用户反馈对企业决策的影响程度，考验着企业对未来生存方式的理解。将业务流程（价值链）在线，进而与用户实时互动，企业至少能"让"出某些控制权给用户。

让"互动"影响决策，让"互动"驱动决策，不再是控制的思维，也不再是计划的逻辑。

二、联

互联网最关键的是什么呢？一个字：联。互联网的起步是"联"。

英语的互联网是两个词，一个叫"Internet"，一个叫"Web"。Internet更多是指类似思科、华为等企业搭建的互联网基础通讯架构，指的是真正让人和世界连起来的网络设施。最早联通的目的，就是建立互联网基础设施。因此，要理解互联网的第一个关键是"联"。

"联"一共经历了3个阶段，如表2-3所示。

表2-3　"联"三阶段说明

阶段	说明
1.0阶段	有线连接，指的是PC有线互联网。PC最早的连接只能通过电话，然后通过宽带，需要一台台式电脑，以及一条网线

续表

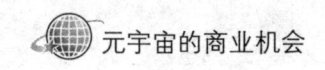

阶段	说明
2.0阶段	无线连接。最典型的是WiFi、3G、4G等通讯网络，也是现在大家最常用、低头族最爱的。同时，沟通的重心从PC走向了智能手机。这两年智能手机高速发展，在智能手机上衍生出来了许多服务，多数人都离不开微信
3.0阶段	物联网。关于这个阶段，至今还没有一个更好的词来描述，不过我们可以用物联网来描述

如果用一句话来定义互联网的未来，就是"任何人、任何物、任何时间、任何地点，永远在线、随时互动"，这也是未来的互联网。未来的互联网可以将所有的人、所有的物，在任何时间和地点，连接在一起；同时，大家还能进行信息和动作的互动，有上传、有下行，这也是互联网的未来。

整个互联网的发展，会让互动变得更高效、更方便、更自然。当然，这个互动也包括人机交互，比如iPhone的Siri，就是一个大的突破。

所谓联接，就是在线与否，生存或死亡。企业的生存和发展空间，需要更多行为Online（在线）的广度、深度和速度。如今，上线的进程已经开始，广告、传媒、电子商务、物流、金融、教育、医疗等各行业正在以迅雷不及掩耳之势进入，涌现出很多尝试全新玩法的公司。

在线是企业的主动选择。互联网时代，企业的业务流程、是否在线、有多少环节在线、核心环节是否在线等问题，决定着公司的生存空间和发展前景。比如，银联正在感受移动支付带来的压力。

举个例子：

你在餐厅吃完饭要买单，可以选择刷卡或移动支付。两种支付方法看似没区别，都是将款项支付给餐厅，却有着本质上的区别：前者离线（offline），后者在线（Online）。使用银联支付刷完卡后，你和餐厅基本上就没有半毛钱关系了。使用支付宝支付，你就能跟餐厅连接起来，比如，可以点评这家餐厅、可以推荐给亲朋好友，还可以通过各种接口进入，全方位了解这家餐厅的口碑，什么时候推出新品、什么时候搞活动等。

使用这种方式来聚合用户，培养用户习惯，需要经历漫长的时间周期。更直接地说，在线和离线的区别，就是互联网时代的"参与者"和"看客"的区别，是关于"生存还是灭亡"的重要问题。

三、网

在 Internet 上承载的内容与服务的表现形式，即 Web。

"网"一共经历了三个阶段，如表2-4所示。

表2-4　"网"三阶段说明

阶段	说明
1.0阶段	大家最熟悉的门户概念，像新浪、搜狐、网易。在Web的展现指的就是对互联网的应用。在这个阶段虽然出现了一些互动的元素，但最本质的沟通模式还是多对一传播，因此大家把它叫作新媒体。随着新浪、网易等涌现，大家对互联网的理解是："新媒体、新传播"，其从门户这个中心点出发，基本上是单向互动

续表

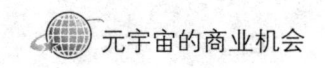

阶段	说明
2.0阶段	搜索。这个阶段，在搜索界面上还是多对一，每个个体都会跟搜索引擎发生联系，搜索的后台技术，完全利用了互联网的网状结构。谷歌在搜索技术上最早的知识产权，叫PageRank，它是根据每个网站跟其他任何一个网站的连接来判断它的重要性。你的连接越多，关注你的人也就越多，你就会显得更为重要
3.0阶段	双向互动的社交网络。这是一个多对多同时包含点对点的天然网络。web 3.0是互联网产品进化到今天的先进形态

何为联网？就是点对点，多对多，相互影响的一张大网。从点对点的链接，变成了互相关联、互相影响的网状结构。从点出发、走上链、走向网的过程，就是从传统的、线性的、控制的供应链模型走向协同网络的过程。

互联网时代，即使实现了在线和互动，一个产品端依然只是一个孤独的节点。当节点与节点开始连接、延展、交融，或与先验的平台对接，产生数据的分享和聚合，"网"才会出现。

对多数传统商业来说，一旦"在线"，它们就会进入互联网时代；而只有"联网"，它们才能融入互联网时代，在数据价值的聚变中，获得更宽广的商业空间和价值。

元宇宙本质：所有感官体验的数字化

元宇宙致力于感官体验的高度仿真——"所见即所得"。

元宇宙是囊括了"现实世界"与"虚拟世界"的一个大集合，那么，究竟什么是虚拟？什么是现实？虚拟与现实的关系如何？虚拟与现实之间的无缝切换是基于什么？

科技领袖马斯克则认为，我们生活的所谓"现实"，很可能是更高级的文明创造或模拟出来的，人类文明很可能与游戏一样，是许多模拟文明中的一部分。他说："我们所处的这个现实世界，其实是一种更高智能的计算机模拟而成的，正如我们现在通过计算机的数字技术，来模拟现实世界从而制造一个数字世界一样"。

如果元宇宙中的所有体验都能与现实世界互通，也就不需要特意去区分人是在虚拟世界还是现实世界了。想在哪个世界体验，就可以停留在哪个世界。

元宇宙中唯一"真实"的只有感观体验。元宇宙发展成熟的标志，是使人达到数字化的"真实"体验。这里的"真实"，是指沉浸式的真实体验。在元宇宙中，不管是身在虚拟世界还是现实世界，只要体验是沉浸式的，就不用区分虚拟和现实。人们可以接收到信息的途径无外乎视觉、听觉、触觉、嗅觉、味觉，移动互联网从视、听两个维度，实现了人的感官数字化，而未来的元宇宙将能从五感维度实现人的感官数字化。

2019年开始了互联网革命Web3.0，5G孕育着下一轮新技术革命。从技术层面看，未来更先进的人工智能、大数据、云计算等都将围绕5G产生变革，而5G也将实现真正的万物互联，促进"互联网"向"物联网"升级，催生出真正的元宇宙。

人的感官体验高度仿真，元宇宙的所见即可所得。从技术本质来说，元宇宙作为现实世界在数字世界的延伸与拓展，是一种让我们与所处环境更好相融的技术手段。业内预判，未来超过90%的日常活动，如科研、教育、娱乐、会议等，都可以在元宇宙中进行。

元宇宙和互联网具有同等的重要性，可以给经济社会带来巨大的发展机遇，并在宏观社会、中观产业和微观个体等不同层面产生显著影响。

1. 元宇宙会推动社会生产方式和社会治理方式发生显著变革。

一方面，元宇宙将有力增强技术创新，促进传统工作场景转型突破，推动形成超大规模的生产协作方式，切实提升社会生产效率和社会资源利用效率。

一方面，元宇宙将加速社会领域数字化、智能化转型，有力推动智慧城市建设，增强社会的公共服务能力和应急事件处理能力，全面提升社会治理效率和水平。

2. 元宇宙能推动产业技术变革和优化升级。

与互联网应用相比，未来元宇宙应用将会更多体现在生产端。元宇宙的发展会加速不同产业可视化场景应用，数字孪生、混合现实等技术也会在产业链上应用得更广泛，推动企业组织形态重构和商业模式突破创新，加快产业形态数字化和产业组织平台化，引发一场新的产业范式变迁。同时，元宇宙将和互联网发挥同样的作用，进一步重塑传统产业发展格局，培育壮大新兴产业，驱动产业格局加速变革。

3.元宇宙将为个体创造新的生产生活空间。

元宇宙场景是由技术进步与市场需求共同推进的，其发展将给个体带来系统性的改变。随着元宇宙应用场景和应用范围的不断扩大，未来人们大量的工作和生活活动都将在元宇宙场景中发生，比如：购物、娱乐、社交、学习、办公等，元宇宙将成为人们日常不可或缺的一部分。

未来，现实世界与以元宇宙为代表的数字世界将会走向深度融合，人们的观念、思维和习惯也将发生巨大的变化。

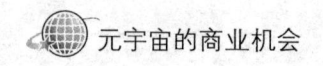

第三章 元宇宙的构成与路径

元宇宙的七层架构

元宇宙是一个更加公平的市场，以下是对元宇宙七个层次的分析。

一、体验层

1. 非物质化

元宇宙为虚拟世界和现实世界的连接提供了便捷的桥梁，让"行走者"可以直接体验到。通过这样的体验，就能打破虚拟与现实的界限，实现对现实空间、距离和物体的"非物质化"。

许多人认为元宇宙就是围绕着我们所处的三维空间，但实际上元宇宙既不是3D也不是2D的，甚至可以不用是具象的——元宇宙是对现实空间、距离及物体的"非物质化"（Dematerialization）。

现实空间"非物质化"的一个突出表现，就是让过去不曾普及的体验形式变得唾手可得。游戏就是一个不错的例证。在游戏里，玩家可以扮演不同的角色，比如：摇滚明星、勇猛武士、赛车手等。未来，游戏会涵盖更多的生活娱乐元素，比如：《BuildTopia》《Roblox》和《RecRoom》就囊括了这些元素。

再比如：演唱会时，前排位置一般都非常有限，但在虚拟世界中，却可以生成基于每个人的个性化影像，无论在房间的哪个位置，都能得到最佳的观赏体验。由此，各产业就能围绕着虚拟经济进行重塑，比如，社交娱乐可以完善电子竞技和线上社区；旅游、教育和现场表演等传统行业也可以充分运用游戏化思维。

2. 内容社区复合体

以上提到的生活场景要素可以引出元宇宙体验层的另一面——内容社区复合体。

过去用户只是内容的消费者，现在用户既是内容的产出者，也是内容的传播者。

过去，提及一些常见功能（比如博客评论和上传视频）时，总会用到"用户生成内容"这样一个概念。但现在内容不再是简单地由用户生成，用户互动也能产生内容，这些内容又会影响用户所在社区内对话的信息，也就是内容产生内容。

未来谈论"沉浸感"时，我们所指的不单是三维空间或叙事空间中的沉浸感，还指社交沉浸感、其引发互动和推动内容产出的方式。

二、发现层

元宇宙不仅是一个巨大的生态系统,还能让企业赚取丰厚的利润。从广义上来说,多数发现系统都能分为以下两种:主动发现机制,即用户自发寻找;被动输入机制,即用户没有明确的需求,可以在发起选择后直接推送给用户本人。互联网用户对这些内容都比较熟悉,下面我们重点说一下发现层的构成要素,因为这些要素对于元宇宙来说至关重要。

首先,作为一种发现手段,内容市场是应用市场的替代者。社区驱动型内容是一种远比多数营销形式更具成本效益的发现方式。主要原因在于,只要人们真正关心自己参与的内容或活动,就会将这个词传播出去。在元宇宙的语境中,如果内容本身易于交换、交易和分享,同样会成为一种营销资产,比如,NFT 就是一种已经出现并成型的技术,主要优势有两个,一个是可以相对容易地在中心化交易所交易,一个是可以赋能直接创作者参与的经济体系。

其次,实时显示有助于人们进入元宇宙。对于创作者来说,发现层最重要的功能是"元宇宙多种活动的实时存在查看功能"。浏览社区的主要形式之一就是实时显示。该功能除了关注,还会聚焦人们的目前动向,而元宇宙的多数价值都体现在以共有体验为基础的与玩家进行的双向互动,因此这一点非常重要。有些游戏平台的机制体系就充分利用了"实时显示"这一功能,玩家可以查看好友最近游玩的游戏,比如,Steam、战网、XboxLive 和 Playstation 等平台。此外,从一定角度来说,用户生成的关注列表还决定着他会加入哪间房。比如,社群群主有权发起人们热心参与的活动体验，可以引领时代潮流。

三、创作者经济层

元宇宙里的体验和内容，不仅需要不断更新，降低创作门槛，还要提供开发工具、素材商店、自动化工作流和变现手段。如今，元宇宙的体验变得越来越具有沉浸感、社交性和实时性，相关创作者的数量也在大幅增长，这种增长反过来又让元宇宙中的体验变得越来越生动、社交对象不断更新。

过去消费者仅仅是内容的消费者，如今他们既是内容的创造者，也是内容的"放大器"。即使不会编程，也能提供创意和想象力，参与到元宇宙的创作中。借助各种代码方案和社交工具，用户能在任意时间输出内容，主动参与进去。比如，如今元宇宙中的创作者驱动的体验多数都是围绕集中管理的平台进行的，比如：Roblox、RecRoom 和 Manticore 等。在这些平台上，利用整套集成工具、发现、社交网络和货币化功能，就能让众人为他人创造经验。

这样元宇宙的体验会变得越来越具有沉浸感、社交性和实时性，相关创作者的数量也会呈指数级增长。

创作者经济层中，包含创作者每天用来制作人们喜欢体验的所有技术。

早前创作者经济的模式都较为固定，在元宇宙、游戏以及互联网，电子商务领域都是如此，如表 3-1 所示。

表3-1　元宇宙创作者时代说明

时代	说明
先锋时代	第一批构建体验的人没有可用的工具，一切都是从头开始。第一个网站是直接用HTML编码编写的；人们为网上购物平台写入自己的购物车程序；程序员直接将代码写入游戏和显卡设备之中
工程时代	在创意市场取得初步成功后，团队人数激增。从头开始构建，不仅太慢，成本也高，无法满足需求，并且工作流程变得更加复杂。市场上最早的开发流程会通过向工程师提供SDK和中间件以节省他们的时间，可以减轻工程师的负担。例如，Ruby on Rails使开发人员可以更轻松地创建数据驱动的网站
创作者时代	这个阶段，设计师和创作者不希望编码事宜拖慢他们的速度——编码人员更愿意将才能发挥在其他方面。这个时代的特征是，创作者数量的急剧增加和指数级增长。创作者获得工具、模板和内容市场，就能将开发从自下而上、以代码为中心的过程重新定向到自上而下、以创意为中心的过程。用户只要花费几分钟，就能在Shopify中启动一个购物网站，无须知道一行代码——网站可以在Wix或Squarespace中创建和维护，3D图形可以使用工作室级的可视化交互平台，在Unity和Unreal等游戏引擎中制作，而无须触及较低级别的渲染API。元宇宙中的体验将越来越生动

到目前为止，元宇宙中的创作者驱动的体验都围绕着集中管理的平台，比如：Roblox、Rec Room和Manticore等。在这些平台上，整套集成工具、发现、社交网络和货币化功能使前所未有的人数能够为他人创造经验。

Beamable的愿景是，以去中心化和开放的方式为独立创作者提供相同的能力。

四、空间计算层

空间计算给出了混合真实/虚拟计算的解决方案，空间计算消除了真

52

实世界和虚拟世界之间的障碍。

如果条件允许，机器中的空间可以相互渗透，也就是说，将空间带入计算机，或者计算对象。多数情况下，它意味着设计的系统能够突破传统的屏幕和键盘界限。

如今，空间计算已经发展成为一大类技术，用户可以进入并操控 3D 空间，并用更多的信息和经验来增强现实世界。

空间计算是元宇宙的重要技术路径，可以为用户提供混合真实或虚拟计算的解决方案，将真实世界和虚拟世界之间的障碍消除掉。

其实，发展到现在，空间计算已成为一大类技术，利用这种技术，人们就能进入并操纵 3D 空间，同时用更多的信息和体验来增强现实世界。不同机器空间的相互渗透，就能将空间直接带入计算机或计算对象。多数情况下，系统还能突破传统的屏幕和键盘界限。

五、去中心化层

如果元宇宙是个中心化的世界，那么资源分配不均、贫富差距悬殊的难题也许依然得不到有效的解决，甚至科技反而会成为扩大贫富差距的催化剂。现实世界中的有钱人，可以通过现实世界中的资金支持，让虚拟世界中的自己得到更好的服务，且迅速获取大量的原始积累；然后，再通过虚拟世界得到财富反馈到现实世界里……如此，也就违背了创造虚拟世界的初衷。我们创建虚拟世界，目的就是为了逃避现实世界中的各种限制，在虚拟世界里设置很多规则，建立监管，弄了半天，虚拟世界跟现实世界几乎一样了,那就没有任何意义了。

因此,元宇宙必须是一个去中心化的世界,不受某一个公司或者某一个国家的掌控,每个人都可以在这个世界里无限制地创造内容,谁创造的价值越多,谁就能在这个世界里拥有得越多。

区块链技术在元宇宙里的重要性不言而喻。作为一种基础设施,如同现实社会里的空气和水一样重要,比如,利用区块链不仅能解决双花的问题,还能解决金融资产集中控制和管理的问题。如今,在去中心化金融中,已经出现了连接金融模块形成新应用程序的案例。

元宇宙的理想架构与头号玩家里的绿洲相反——这里是由单个实体控制。当可供用户选择的选项增多,各个系统兼容性改善,且基于具有竞争力的市场时,相关的实验开展规模及增长会显著增加,而创造者则自己掌控数据和创作的所有权。

去中心化最简单的示例就是域名系统,这个系统将个人 IP 地址映射到名称,用户不必每次想上网时都输入数字。

分布式计算和微服务为开发人员提供了一个可扩展的生态系统,让他们可以利用在线功能——从商务系统到特定领域人工智能再到各种游戏系统——无需专注于构建或集成后端功能。

区块链技术将金融资产从集中控制和托管中解放出来——在 DeFi 中,我们已经看到了灵活选用组合不同模块形成新应用的例子。

六、人机界面层

智能手机不仅仅是手机，更是一种高度便携、始终连接、功能强大的计算机。比如，融入时尚服装的 3D 打印可穿戴设备，可以贴合到皮肤上的微型生物传感器，各种 AR 智能眼镜，甚至脑机接口……所有的这些都能承载元宇宙中越来越多的应用和体验。

在元宇宙虚拟世界中，微机设备与人类躯体将会更密切地结合在一起，逐渐将人类改造成类似半机器人的结构。以华为发力元宇宙发布的"星光巨塔"为例。

基于虚实融合技术 Cyberverse（河图），2021 年 11 月华为发布了 AR 交互体验 APP"星光巨塔"。使用"星光巨塔"，九色神鹿就能穿越时空，出现在华为园区；承载星光能量的高塔，则会伫立在波光闪闪的湖面上。在这个世界中，次元壁被彻底打破，现实与虚拟被很好地融为一体。

"星光巨塔"提供了多种 LBSAR 玩法，参与者只要进入 APP，就能直接看到一个虚实融合的世界，还能收集能量、搜索宝箱、寻找 NPC、占领能量塔、团战打 BOSS，取得最终的胜利。

七、基础设施层

基础设施层，不仅包括 5G、WiFi 等通信技术，还包括云计算、新材料、芯片设计等软硬件技术。借助这些技术，硬件性能会越来越强，各种设备也会被陆续接入网络，起到更好的支撑作用。比如，5G、芯片、云计算等技术的飞速发展，很好地满足了元宇宙高带宽、高算力的需求。

当然了，想要将各子宇宙聚合成一个真正意义上的元宇宙，离不开AI技术的参与。AI是元宇宙最重要的基础设施，其决定着元宇宙的最终形态和融合，比如：作为交叉学科的集大成者，AI跟软件合作，就能促进软件技术的提高和软件标准的形成；利用AI技术，硬件得到改善，就能改善消费者的使用体验；将AI融入内容，还能大大降低内容生产成本。不过，AI技术的完善并不是一步到位的，需要不断投入和长期积累。

以上就是元宇宙的七个层次，其中，基础设施层、人机交互层、去中心化层都是底层要素；如果想推进元宇宙的建立和发展，就要借助边缘计算、网络基础建设、区块链等成熟体系；元宇宙的低延迟、同步性，需要5G、云计算、边缘计算等，都有助于运行效率的提高；元宇宙的仿真性、延展性、多元性等，离不开AI、大数据、可视化开发等技术的支撑；元宇宙的社会性和经济性，则离不开区块链技术。

元宇宙的六个底层技术

概括起来，元宇宙一共包括六个底层技术，它们之间的深度互动和融合，组成了未来的元宇宙。

一、芯片链技术

元宇宙的内容、网络、区块链、图形显示等功能都需要借助强大的算力，而算力的基础就是芯片，没有芯片，元宇宙虚拟世界也就失去了存在的物理载体。从这个意义上来说，芯片技术是构建虚拟世界的"核芯"。

1. 云端算力方面

GPU（数据处理芯片）是名副其实的王者，其可以对各种高级网络、存储和安全服务进行分流、加速和隔离，为云、数据中心或边缘等环境中的工作提供安全的基础设施。

针对芯片对云端算力的支持，燧原科技研发副总裁李瑛博士曾在题为"云端 AI 芯片的算力挑战"的演讲中表示，目前云端 AI 芯片主要可以解决人工智能应用的两个主要问题，即算力和通用性。其在自主研发的第二代 AI 训练产品上进行了架构创新和设计优化，在 12nm（长度单位，纳米）这个节点上实现了与竞品 GPU（7nm）相当的单精度算力性能，极大地提高了能效比。同时，通过软件架构的升级，还进一步提高了算力利用率和软件的可编程性，有效解决了 AI 芯片面临的有效算力问题，为丰富的人工智能应用场景成功赋能，为客户带来了更高的价值。

2.终端算力方面

借助异构芯片，SoC 中的 CPU、GPU、FPGA、TPU、ASIC 等芯片就能协同工作，提高算力，提高用户体验。从 CPU、GPU 到 FPGA、ASIC，其芯片表现逐渐提高，可编程性逐渐降低，如表 3-2 所示。

表3-2　元宇宙终端算力说明

元素	说明
CPU	CPU通用芯片有着较强的可编程性，只要使用单独的ALU模块（即逻辑运算单元），就能完成数据计算；同时，其他各个模块还能保障指令的有序执行。CPU处理海量数据的能力较弱
GPU	GPU的浮点运算能力更强大，可以有效缓解深度学习算法的训练难题，将人工智能的潜能释放出来
FPGA	不仅拥有硬件流水线并行的能力，还具有数据并行处理能力，可以用硬件流水线的方式来对一条数据进行处理；而且，整数运算性能也非常高，因此经常被用于深度学习算法中的推断阶段。缺点在于，价格高、编程非常复杂
ASIC	其专用定制芯片的定制特性，可以极大地提高它的性能功耗比。谷歌的TPU就是ASIC的一种
TPU	简化了控制电路，其核心是一个64K的8位矩阵乘单元阵列和片上28MB的软件管理存储器，峰值计算能力为每秒92TOP/S。TPU的确定性执行模型，可以满足谷歌神经网络应用上99%的响应时间需求，减少芯片面积，降低功耗

二、网络通信技术

从本质上来说，元宇宙是一种全新的网络化。如果没有网络化，没有社交，仅一个单独的个体，所谓的元宇宙也就不存在了。

元宇宙的发展顺应了网络通信技术的快速发展，对网络通信有着极高的要求，4G 都可能无法满足元宇宙对通信的要求。未来借助 5G 的发展，元宇宙才能顺利运行，极大地提高元宇宙虚拟空间感知的实时性体验。目前，6G 网络还处于开发阶段，其传输能力可能比 5G 提高 100 倍，网络延迟也可能从毫秒降到微秒级。此后，可能还会出现 7G、8G 等。

4G 网络时代，只要手边有一部手机，就能连接网络，观看视频或某些资讯；如果换作 3G 网络或 2G 网络，观看现在的视频或资讯，视频中可能就会一直转圈，无法立刻刷出相应的画面。元宇宙是下一代互联网，加载虚拟世界中的画面，对网速提出了更高的要求。

5G 网络的普及使网络速度大幅提高，给人们带来了更好的上网体验，很好地满足了元宇宙的"低延迟""随时随地"。元宇宙是通过数字技术来实现现实世界在虚拟世界映射的，要想提供更真实的感受，将虚实更好地融合在一起，就需要借助庞大的数据量。分辨率为 16K（分辨率），刷新率达到 120Hz（赫兹）以上，人眼才能分辨出不虚拟与现实的区别，而要想达到这样的显示水平，每秒的数据量就要高达 15GB（千兆字节）。

随着 5G 网络普及与发展，其奠定了实现元宇宙的网络通信方面的技术基础。只有真正实现了万物互联，元宇宙实现虚实融合才有了可能性。

物联网技术的突破，为现实世界在虚拟世界的数字孪生提供了实时精准不断的数据供给。华为的鸿蒙系统已经可以在电脑、手机、手表、音箱、汽车、家电等多设备上搭载，并运行良好，在交互式体验上很流畅、快速、简单，为万物互联实现了最底层的技术基础，也进一步催生了元宇宙的到来。

值得一提的是，元宇宙也是一种数字网络。梳理技术发展的百年历程就会发现，首先 CT 技术的发展带来了通信网络的发展；计算机、互联网等 IT 技术的成熟带来了信息网络与发展。信息网络的出现并没有对通信网络的价值进行否定，随着 AI、云计算、区块链等数字化技术的发展，人类社会也逐渐开始向数字化时代演进，继而出现了数字网络，但信息网络也独具价值。从 IT 网络、CT 网络到 DT 网络，元宇宙同样遵循了这样的发展脉络。这就是新一代的网络，即数字网络。

三、电子游戏技术

游戏是元宇宙的开始，也是元宇宙的初级形态。从发展内容看，游戏的本质更接近"元宇宙"的概念。

游戏是人们在对现实进行模拟、延伸、想象的基础上，构建出来的一种虚拟世界，其产品形态与元宇宙极其相似：

1.同步和拟真。游戏可以给每个玩家一个虚拟身份，例如，用户名与游戏形象；还能凭借该虚拟身份形成一种社交关系，在游戏社区中结识新的伙伴；通过多样的故事线、与玩家的频繁交互、拟真的画面、协调的音效等，还能构成一个对认知要求较高的环境，玩家必须将注意力集中在游戏中发生的事情上，产生所谓的"沉浸感"。

2.开源和创造。在游戏设定的框架与规则内，玩家拥有充分的自由度，既能单纯享受到游戏画面与音效，还能追求极致的装备与操作。

3.经济系统。每个游戏都有自己的游戏货币，玩家可以在这里购物、售卖、转账，甚至提现。

可见，元宇宙的几大基本需求都融入了游戏中，游戏也就变成了最可能构建元宇宙雏形的赛道。

电子游戏最主要的技术就是游戏引擎，它是一种软件架构，主要用来开发视频游戏，一般都包含了相关的库和支持方案。一个游戏引擎可以是用这个架构开发的软件，提供一组游戏开发工具和功能。

游戏开发者可以用游戏引擎来制作游戏，比如，电子游戏机或其他电脑。游戏引擎提供的核心功能可能包括2D或3D图形绘制引擎、物理引擎或碰撞检测（及碰撞反应）、声音、脚本、动画、人工智能、网络、流媒体、内存管理、线程、本地化支持、场景图、过场动画等。一个游戏引擎的实现，需要调用、修改同一个游戏引擎，或者把游戏移植到多个平台上，为游戏节省开发时间。

元宇宙游戏的关键系统是基础设施、生产系统、玩家系统和经济系统，这些系统要想提高创造性，主要依赖于内容和用户体验。

元宇宙游戏应该与真实世界同步，运用VR、AR、XR等技术，加强虚拟空间和现实世界的联系，增加人机交互，提高游戏体验，提高游戏使用者的沉浸感。

元宇宙游戏应该不断发展，有一个封闭的经济系统；跟Roblox一样，还要有一个生产系统，可以自行开发。

一个由玩家、开发者、创造者等组成的闭环经济体系，最终会形成元宇宙文明。

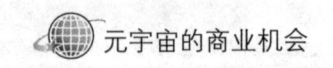

四、显示技术

显示技术主要包括 VR、AR、MR、XR 等四大类,为现实世界与虚拟世界之间架起了桥梁,用户可以得到更好的体验。

1.VR

还有几个别名,即沉浸式虚拟现实、灵境技术、人工环境,其基本定义是:通过设备识别和判断,将虚拟信息叠加在以识别物为基准的某个位置,并显示在设备屏幕上,对虚拟信息进行实时交互。

该技术可以为用户提供一种完全沉浸式的体验,让用户产生一种身临其境的感觉,打造出一种高级的、理想化的虚拟现实系统。要想实现元宇宙的沉浸感,离不开 VR 技术。

VR 技术的逐渐成熟,为元宇宙的展现方式升级提供了一种交互方式,随着超高清及 AR、VR 设备的不断迭代升级,用户完全可以得到较优秀的沉浸式体验。虽然目前多数元宇宙平台还没有使用 VR 技术,但随着专业 VR 设备的进步、价格的降低,元宇宙与 VR 总有一天会被绑定在一起。

2.AR

即增强现实。其将虚拟信息与真实世界巧妙地融合在一起,合理利用多媒体、三维建模、实时跟踪及注册、智能交互、传感等多种技术手段,对计算机生成的文字、图像、三维模型、音乐、视频等虚拟信息进行模拟仿真,应用到真实世界中。

两种信息互为补充,实现了对真实世界的"增强"。如果说,传统 VR 技术给用户带来了一种在虚拟世界中完全沉浸的效果,创造了另外一个虚拟世界，那么运用 AR 技术，就能将计算机带到用户的真实世界中，实现虚拟和现实的无缝链接，通过听、看、摸、闻等方式触摸虚拟信息，就能增强对现实世界的感知，实现从"人去适应机器"到技术"以人为本"的转变。

3.MR

即混合现实，主要包括增强现实和增强虚拟现实。这种环境来源于现实和虚拟世界的合并，是一种全新的可视化环境，可以在虚拟世界、现实世界和用户之间搭起一个交互反馈的信息回路，增强用户体验的真实感。即使距离很远，人们也能进行交流，操作性极强。在新的可视化环境里，物理和数字对象同时存在，实时互动，例如，在 5G 高速网络下，相隔两地的医生能同步进行手术和指导。

4.XR

是"Extended Reality"的缩写，即扩展现实，是 AR、VR、MR 等三种形式的虚拟现实技术的总称。XR 分为多个层次，包括通过有限传感器输入的虚拟世界、完全沉浸式的虚拟世界。

XR 通过多个技术的融合协同，可以打通元宇宙生态。XR 融合协同的技术，包括实时图形渲染引擎、跟踪系统、媒体服务器、渲染器、XR 播控软件等的结合，应用 AR 和 MR 技术，AI 技术与 XR 技术呈现出更多的效果，可以带来超预期的舞台科技变革。

在元宇宙生态中，XR 一方面会带来更多技术上的积累和突破，另一方面能带来虚拟世界与现实世界的高度融合，可以进一步提高广告、影视剧拍摄、线下活动等各行业的运转效率、运转模式及交互方式。

简单来说就是，VR技术可以创造一个虚拟世界，AR技术可以将虚拟世界和现实世界结合起来，MR技术则可以在合并现实和虚拟之后产生新的可视化环境，XR技术则是多种技术的融合协同。

五、AI技术

未来，AI技术必然会得到不断发展。要想进一步理解AI技术对搭建元宇宙的意义，就要从人工智能的数据、算法和算力三要素说起。

数据是AI发展的基石和基础。比如，要用人工智能对一把勺子进行识别，但勺子总和碗同时出现，这时人工智能就会根据数据准确识别出勺子。

算法是AI技术发展的重要引擎和推动力。从一定程度来说，算法的发展过程也是AI技术不断进步的过程，即实现机器学习，进而进入到深度学习。在具体的学习和算法过程中，AI技术也会从简单的神经网络发展到复杂的机器学习网络。其中，浅层神经网络的输入和输出是在比较简单的网络里构建的；而进入深度学习的网络后，在网络和神经元之间就会产生复杂的机器学习网络。

算力是实现AI技术的一个重要保障。从本质上来说，算力就是一种计算能力，除了训练需要算力，硬件的运行也需要算力。算力为AI技术提供了底层逻辑，对人和世界的影响已经渗透到了社会生活的各个方面。

数据、算法、算力三要素不仅与AI技术的发展密切相关，更与元宇宙的未来发展有着紧密联系。

1. 数据。围绕数据的搜集、加工、分析和挖掘，可以释放出巨大的数据生产力，驱动元宇宙发展；

2. 算法。具备自主学习与决策功能，是元宇宙时代全新的认识和改造世界的方法论；

3. 算力。是构建元宇宙最重要的基础，元宇宙虚拟内容、区块链网络、AI技术等构成，都离不开算力的支撑。

六、区块链技术

元宇宙是一种数字宇宙或数字网络，离不开完备的闭环金融体系和虚拟货币。而虚拟货币的背后，就是去中心化的区块链技术。同时，元宇宙经济系统也需要借助区块链技术来建立公信力。因此，区块链技术也就成了元宇宙中重要的经济机器。

区块链是信息技术领域的术语。从本质上来说，区块链是一个共享数据库，存储于其中的数据或信息具有不可伪造、全程留痕、可以追溯、公开透明、集体维护等特征。秉承这些特征，区块链技术不仅奠定了坚实的"信任"基础，还创造了可靠的"合作"机制，具有广阔的运用前景。

借用区块链技术，元宇宙经济体系变得更加高效和稳定。

区块链在元宇宙中的价值，具体来说，主要体现在三个方面，如表3-3所示。

表3-3　区块链在元宇宙中的价值表现

表现	说明
支付和清算系统	区块链技术最具创新性的一面是，其将多个核心元素组合起来，用数字化表示，为转移过程和分布式簿记等提供支持。这些元素主要包括：对等联网和分布式数据存储技术，整个系统内的参与者都能广泛地享受单个账目的访问权，所有参与者都能对系统中的所有交易保持共享的、准确的历史记录。此外，加密技术还为有效交易的发起、数据的传输和储存提供了更安全的方式 共识算法为用户提供了一种对交易进行确认并将其添加到单一账目中的程序，多位参与者对账目进行更新时，这种功能的重要性更加凸显。 元宇宙的经济系统是实现大规模持久运行的关键，而区块链技术由于具有天然的"去中心化价值流转"特质，完全可以为元宇宙提供与网络虚拟空间无缝契合的支付和清算系统
智能合约部署	智能合约，是一个可以被信任、按照事先的规则执行的操作系统。从本质上来说，这是一个程序，即由事件驱动的、具有状态的、运行在一个复制的、分享的账本之上的、可以保管账本上资产的程序 区块链网络具备的公开透明特性，使得智能合约具有自动化、可编程、公开透明、可验证等卓越特性，即使不用第三方验证平台，也能进行链上的可信交互 只要将元宇宙中的金融系统构建在区块链上，就能利用智能合约的特性将契约用程序化、非托管、可验证、可追溯、可信任等方式进行去中心化运转，降低金融系统中可能存在的寻租、腐败和暗箱操作等行为，广泛应用于金融、社交、游戏等领域
非同质化代币（NFT）交易	非同质化代币以区块链的另一应用为基础，是通往元宇宙的重要工具。非同质化代币的最大特征是，兼具不可分割性和唯一性，可锚定现实世界中物品的数字凭证，可以映射到特定资产，包括数字资产，比如：游戏皮肤、装备、虚拟地块等，甚至实体资产 同时，还能将该资产的权利内容、历史交易流转信息等记录在其智能合约的标示信息中，并在对应的区块链上生成一个无法篡改的独特编码。因此，非同质化代币非常适合对具有排他性和不可分割性的权益和资产进行标记，并可以实现自由交易和转让

在元宇宙不断推动实体经济与数字经济的深度融合中，区块链技术的价值必然会逐渐显现，为元宇宙提供一种开放、透明、分散的合作机制。

元宇宙的八大要素

按照"元宇宙第一公司"Roblox公司的说法，一个真正的元宇宙产品应该具备八大要素，分别是：身份、朋友、沉浸感、低延迟、多元化、随时随地、经济系统和文明，具体来说：

一、身份

何为身份？本义是指个人的出身和社会地位，引申意义则有很多，比如：身价、身体、模样、姿态或架势、手段或本领、行为或勾当、质地或质量等。

对于元宇宙来说，身份是一种数字化的存在。在元宇宙里，数字身份是作为一个独立的个体而长期存在的，只有不同身份之间产生各种关系，元宇宙才能真正运转起来，这就是元宇宙的身份系统。这种虚拟身份系统，可以适当地隔离和现实世界的联系，在人与人之间构建起一种全新的社会关系。

1.元宇宙里的身份是用户独有的。元宇宙里的身份是用户独一无二的化身，用户可以将化身表达为任何自己想要成为的人或者对象，就如《雪崩》里描写的那样："每个人的化身都可以做成自己喜欢的任何样子，这就要看你的电脑设备有多高的配置来支持了。即使你模样很丑，仍可以把自己的化身做得非常漂亮。哪怕你刚刚起床，但你的化身可以是穿着得体、装扮考究的模样。在超元域里，你能以任何面目出现：一头大猩猩，一条喷火龙……"

2. 元宇宙里的身份是虚拟的。何为虚拟化身？比如，iPhone 最早推出的 Memoji（拟我表情），虽然只是通过捕捉用户面部关键点进行虚拟重建……如今，OPPO 已经推出了类似产品 omoji（虚拟形象）；而腾讯当年则打造了爆款产品 QQ 秀，甚至还说自己是"数字孪生的始祖"。

除了视频通话、社交、视频录制等场景外，在 Meta 的元宇宙场景中，多数人都以"面部＋身体"进行虚拟重建，参与游戏，其他伙伴协作办公或创作等。

在小红书上，有一款现象级的身体重建产品，即 3D 体型模拟 bodyvisualizer（身材模拟器），用户可以根据自己的实际身高、体重、运动频次等，对 3D 虚拟身体进行重建。

未来可以期待的虚拟化身是，每个人在数字孪生的空间中拥有另一个自己的形象，由现实中的自己驱动虚拟世界中的自己与世界和他人交互。

二、朋友

朋友就是社会交往，指的是，在一定的心理活动作用下，人与人之间相互往来，进行精神交流。

作为群居动物，人类从原始时代就开始社交了。通过交流与沟通，进发出了思维的火花，人类文明也有了进步。对于元宇宙来说，没有社交，元宇宙也就不存在了。

社交网络是元宇宙的标配，可以交朋友，可以畅聊。举几个例子：

腾讯，投资了多个具有元宇宙概念的产品，多方布局"元宇宙"。其中，持股49.9%的SoulApp可能是其在社交赛道上的重要一环；

字节跳动，在海外（东南亚地区）上线了一款名为"Pixsoul"的产品，主打元宇宙社交；

……

在元宇宙中，不仅可以交朋友和畅聊，人与人之间的沟通内容和表达方式也不再局限于文字、图像和视频，维度更多，元宇宙在社交方面的优势更加凸显。VR和AR直接将社交的交互层面从平面提高到了立体层面，多一个维度所带来的信息量与交互丰富程度是完全不一样的。这方面的例子在现实中也有很多。

VRChat是一款大型多人线上虚拟现实软件，玩家们可以通过虚构角色彼此交流，比如创造来自各个知名ACG系列的重要人物，并将其作为他们的角色。并且，这些模型可以支持"声音对嘴、眼动追踪、眨眼和动作"。于是，我们可以通过VRChat，以更丰富的肢体语言在不同的虚拟世界中与来自世界各地的人们进行交流。

一直走在AR前沿的微软，在2021年3月正式发布了MicrosoftMesh：全新混合现实协作平台。通过佩戴其AR设备Hololens2，可以设置一个虚拟形象，并与他人在一个共同空间协作，一起完成一些设计或者讨论。比如，在图中就可以看到大家正在构建一个水管的设计工作，每个人可以根据手部动作随意调整水管的设计，还能为3D设计图勾画出自己想要修改的部分，而这样的协作方式在AR的加持下，不仅达到了线下开会，有效提高交流的效果，还一并简化了设计和修改工作，极大地提高了沟通效率和设计效率。

结合AR、VR和人工智能，元宇宙有可能成为现实中社交升级的突破口，成为解决未来社交问题的完美路径与方式。AR、VR和人工智能打造立体化的场景、无缝衔接的现实与虚拟、强大的人工智能换算能力，完全可以解决现实沟通中的现有短板，还能进一步体现元宇宙在社交方面的全新体验和表达优势。

三、沉浸感

所谓沉浸，就是个人完全处于某种境界或思想活动中，将注意力集中在某种事物上。沉浸感就是人们对计算机系统创造和显示出来的虚拟环境的感觉和认识。只要参与者置身于虚拟环境中，其感觉系统就会以一种与在真实环境中相同的方式，对来自虚拟世界的视觉和其他感知数据进行处理。

相对于元宇宙，所谓的沉浸感，就是通过3D、超高清电视、VR/AR等软硬件设备，使虚拟世界和现实世界无法区分开来。在元宇宙中，沉浸式体验是一种身临其境的感觉，甚至让人都无法分辨出虚拟世界与现实世界的边界，虚实共生在一起。沉浸式体验带来的沉浸感是元宇宙的精神之源，进入元宇宙并沉浸其中，就会产生充盈快乐的感觉，也就是说，元宇宙可以带来更强大的精神快乐。

沉浸式娱乐重视体验，喜欢参与氛围感，是 Z 世代的一种玩物。如今，沉浸式的娱乐方式已经在世界上形成了产业，很多产品和企业都开始在这里布局。例如，在腾讯电竞 V-Station 体验馆，通过炫酷的 V 型通道，就能看到他人不知道的"第一次"，身临其境，重新感受赛场超燃的激动时刻，享受到颠覆性的体验。在电影《头号玩家》的场景中，用户只要戴上 VR 设备，就能经过时空隧道穿越到另一个时空，开启不一样的人生。

从设计开发角度来说，沉浸式体验离不开五感的充分调动，只有通过视、听、触、嗅、味等五觉给予完整的沉浸感，才能在这个世界里生存和生活，塑造完整的元宇宙生态；同时，为了不断地吸引参与者的注意力，还要尽量将其他干扰排除掉。因此，沉浸式互动设计一共有两大特征：一是需要将声光电充分调动起来，二是需要一定的外部环境。

比如，发光跷跷板的沉浸式互动设计。人们在跷跷板上来回起伏，跷跷板灯的强度和音乐声就能发生改变，让体验者感受到来自身体节奏的独特性。

再如，瀑布秋千的沉浸式互动设计。秋千上方装有监测器，可以捕捉到玩耍者的特征、速度等信息，计算出水的降落时机，既可以打造独特的空间，又不会淋湿，趣味十足。

又如，布料游戏的沉浸式互动设计。在网络虚拟用户和现实用户之间建立联系，运用 Java 和 html5 等开发工具，将装置显示在网络界面投影在地板上，打造出一个沉浸式环境，对参与者的位置做出不同的灯光和声音反应。

总之，元宇宙涉及的沉浸式场景更混杂、更全面，用 XR 表示更贴切。因为 XR 本身就是 VR、AR、MR 以及尚未开发的沉浸式技术的总称。当然，元宇宙是虚拟和现实可连接、可感知的通道，有着巨大的想象空间，可以为行业带来更多的新商机。

四、低延迟

如何理解延迟？在网络世界中，也叫作时延，是指数据从网络的一端传送到另一个端并返回所需要的时间。在元宇宙中，所有的一切都是同步发生的，没有异步性或延迟性，用户可以得到完美的体验，在整个空间范围上实现了时间的统一。如同《头号玩家》中的最后一道关卡，帕西法尔在现实世界中的任何轻微动作，都能对其在元宇宙中的角色造成影响。

元宇宙中所有的一切之所以会同步发生，关键在于 5G 网络。4G 网络的时延约为 20 毫秒~100 毫秒，而 5G 时代的时延约为 5 毫秒。

现实中，在智能制造、远程机械控制、辅助驾驶和自动驾驶等领域，所有基于 5G 技术的业务对网络差错的容忍度都非常小，离不开通信网络的稳定；同时，它们对网络时延也提出了更高的要求，比如，为了提供有力的支持和可靠的保障，网络时延要达到 1 毫秒~10 毫秒。5G 的 5 毫秒左右时延，必然会给自动驾驶和车联网等领域带来大爆发。

元宇宙具有高同步、低延时等特点，用户可以得到实时、流畅的完美体验，使元宇宙的体验更加完美。4G 的 20 毫秒~100 毫秒，虽然可以满足视频会议、线上课堂等场景的互动需求，却无法满足元宇宙对于低时延的要求。使用 VR 设备，传输时延会造成一定的眩晕感，5G 带宽与传输速率的提高，完全可以有效改善时延并降低眩晕感。

诺基亚贝尔数据显示，如今 5G 端到端时延已经能控制在 10 毫秒以内，今后还可能达到 5 毫秒左右。在元宇宙中，如果想对大量数据进行迅速传输，就要借助强大的通讯基础设施。可是，基站数量有限，5G 实际传输速率多半都很难达到其设计水平，根据日韩对 6G 网络技术的展望，6G 时延完全可以缩短至 5G 的十分之一，传输速率也能达到 5G 的 50 倍，真正实现元宇宙的低延迟。

5G 时代，网络基础设施的进步，不仅可以有效改善 VR 系统的延迟问题，还能极大地提高 VR 体验，为 VR 内容等产业链的发展提供强大的支撑。例如，2021 年砂之盒沉浸影像展，形式涵盖多种，比如：沉浸式交互作品、360 全景视频、实时线上演出和声音交互等，通过直观体验和新锐创意，人们就能感受到沉浸式媒介的魔力。

五、多元化

多元化包括多种含义：一是指由单一向多样化发展，由统一向分散变化；二是指多样的，不是集中统一的。对于元宇宙来说，多元化是指元宇宙能提供多种的内容、道具和素材，以及由此构成的丰富多彩的世界。此外，多元化还体现在元宇宙不是一个而是多个。

文森特·莫斯可在《数字化崇拜》中写道："正如牛顿所描述的，宇宙被视为是一座巨大的钟表，受制于一系列相互牵制的机器零件，今天的宇宙正日益被看作是一台巨大的电脑。"相反，元宇宙则可以将计算机和网络技术打造成一个虚拟空间，想象成时间和空间接近无限的"宇宙"。前者相当于宇宙的计算机化，而后者则是计算机的宇宙化，并不能回答天文地理上的问题，只能面向人类自身创造出的一个虚拟世界。可见，元宇宙不是只有一个，而是无数个。

未来，元宇宙也许不会由类似《雪崩》里的"计算机协会全球多媒体协议组织"垄断经营，反而会形成一个由多个巨头打造的元宇宙群，或者"多元宇宙"，用户完全可以在多个元宇宙中来回穿梭。

那么，元宇宙的多元化体验究竟是怎样的？

元宇宙对现实世界具有一定的替代性，借助这种替代性，用户完全可以通过元宇宙得到游戏、社交、内容和消费，拓展到更多的生产和生活体验，融入千行百业。

六、随时随地

所谓随时随地，就是虽然元宇宙的用户、开发者、创作者等都来自不同的区域，但元宇宙却是一个空间维度上虚拟而时间维度上真实存在的数字世界，任何个体都能在不同的终端运行元宇宙，并沉浸其中，毫无时空限制。

1. 只有虚拟时空，才能自由而随意

向虚拟时空的迁跃，是信息技术和人类文明发展的必然趋势。元宇宙是人类文明在虚拟时空的存在方式，其出现完全有可能改变人类社会对于"自身存在"的主流认知。

所谓虚拟时空，就是运用特殊的时空构筑手段，变换既定的时空运动方式，营造出一种超乎现象的时空运行状态，勾画出特定的时空维度，展现出新奇的时空场景，给人们营造一种特殊的时空体验。这是一种与现实时空既相联系又有区别的时空形态，其具有仿真性、非线性、交互性、自主性等重要表征，赛博空间、信息时空、数字时空等都是对虚拟时空的另类表达。

从本质上说，虚拟时空是现代科技的产物，是人脑意识或人的空间想象力与虚拟技术的结晶。可是，它既不是人类的想象空间，也不是无中生有的抽象空间，而是一种客观存在，可以为人们展示或呈现出大脑意识图景，将现实社会中的真实场景虚拟建构出来。

虚拟时空的出现，改变了人类存在的时空向度，解构了以文化、宗教、地理、历史等为标志的地域性空间，分化了过去、现在和未来为一体的线性时间，重新构造了一个全新的流动空间，使人类生存和发展的时空构造进入到一个全新的历史发展阶段。

2. 脑机接口连接虚拟时空，运作起来更自由

随时随地的首要条件是，没有时空限制，脑机接口就是一个不错的方式。借用脑机接口，就能随时随地进入元宇宙，通过"元宇宙＋脑机接口"的科技组合，现实世界的物理时空限制就能彻底消失。

"脑机接口"是近年来脑科学研究取得的一个显著进步。在大脑活动过程中，对脑信号进行编码和解码，脑机接口就能在大脑和外部设备之间建立起一种直接的通讯和控制通道。不过，要想实现玩家在元宇宙内进行

的所有行为，必须精准地对大脑信号进行识别和解析。

脑机接口技术的基础是识别脑信号，并对大脑功能区进行定位，但这里有个"高"门槛：解码速度。在单位时间内，设备正确解析出的脑信号越多，使用者对电脑的控制也就越精密。

按照清华大学的实验范式划分，脑机接口包括：运动想象脑机接口、基于P300电位的脑机接口和视觉诱发电位脑机接口。其中，视觉诱发电位的解码效率更高，可以通过人脑对不同频率闪烁产生的反应对命令进行识别。

总之，通过脑机接口，人与人之间的物理时空限制就能彻底消失。同样，企业在大规模组织互联网的情况下，组织和业务的数字化升级和转型必然会朝着"元宇宙"的方向不断演进，彻底打破时空限制，让经营变得更敏捷。当然，在整个过程中，必须先解决技术落地和相关的伦理等问题。

七、经济系统

经济活动是社会的基础，作为一种虚拟社会，元宇宙中的经济系统也非常重要。

在接受关于元宇宙经济的访谈时，Epic游戏公司的首席执行官蒂姆·斯威尼说："我们不仅要建立一个3D平台，还要建立一个公平的经济体系，所有创作者都能参与到这个经济体系，赚到钱，得到回报。"为了满足资产交换和储蓄的需求，元宇宙不能依靠任何经济系统，应该设定一套自己的系统。

支撑元宇宙经济系统的要素主要包括：数字创造、数字资产、数字市场、数字货币和数字消费。

1. 数字创造。创造出人们需要的数字产品。

2. 数字资产。产权归属明确的数字产品，数字资产在数字市场上进行交易。

3. 数字市场。完善的市场机制，参与者必须遵循交易规则。

4. 数字货币。交易的媒介，是整个元宇宙经济系统的核心。

5. 数字消费。通过消费数字产品获得喜悦。

只有同时具备这五大要素，才能构成更完善的、自成一系的元宇宙经济系统。

现实中，打造元宇宙经济系统已经出现了很多成功案例，例如，腾讯《罗布乐思》。这是一种构建在波卡上的跨链协议，可以实现多种异构链之间的资产跨链管理和数据聚合预测分析，目前已经被成功运用到 ETH、BTC、BSC 等链上，进行资产流动处理。该团队是继 NewOmega、DOT Mog、Haskell Web3 library 等之后全球第十个完成全部波卡 milestone 的团队，技术推力非常强。由此，腾讯《罗布乐思》也就成了元宇宙经济规则的缔造者。

八、文明

文明，是人类历史积累下来的有利于认识、适应客观世界、符合人类精神追求、被多数人认可和接受的人文精神、发明创造的总和，是社会行为和自然行为构成的集合，至少包括了家族、工具、语言、文字、宗教、城市、乡村和国家等。

与人类文明相比,元宇宙文明是虚拟的。在元宇宙中,人们会以虚拟的化身出现在别人面前,同时代表了其内心深处的社交渴望。因此,元宇宙中形成的文明形态,虽然跟物理世界的文明形态相似,但也存在很多的不同。

参与元宇宙的主体人数众多,每个主体都是一个元宇宙,因而元宇宙有多个。各元宇宙中的居民在一起共同生活,共同设定规则,创造各种数字资产,建立不同的组织结构,逐渐演化成一个文明社会。

不同的元宇宙可能会形成物理世界文明形态的不同投射,比如,游戏"第二人生"和"堡垒之夜"的文明形态就不同。

不同的元宇宙会形成不同的文明,比如:人类历史上形成的华夏文明、印度文明、阿拉伯文明等,一起构成了五彩缤纷的未来世界。不同的文明形态,不仅反映了物理世界中文明的复杂性和多样性,还让我们体验到了不同的人生。

在现实世界,人类具有完全不同的甚至对立的价值取向,还有不同的信仰,特别是宗教信仰。因此,元宇宙面临着一些富有挑战性的课题,比如:

如何避免简单复制现实世界的价值观?

如何设计元宇宙的制度?在制度设计中,是否要坚持自由、主权、正义、平等的原则?

怎样确定元宇宙的秩序和运行规则?如何制定元宇宙宪章?

……

由此，元宇宙的文明至少应该包含社交关系、社群关系、资产确权、治理模式、经济系统，以及元宇宙的基本价值观和理念。比如，植入了电商业务的元宇宙对假货的零容忍度。

元宇宙的发展，原本就行走在通往文明的路上，其终极层次是形成自己的文明体系。这种文明体系不仅是多种多样，还是丰富多彩。元宇宙的文明形态、价值理念、语言文化所构成的独特文明，都给现实中的人类带来了有益的启示。

元宇宙的通关路径和进阶路径

元宇宙的实现路径如下：

一、沉浸 VS 叠加

1. 沉浸式路径

沉浸式路径的代表是 VR 技术，比如：人们佩戴 VR 设备，就能成为虚拟数字人（靠算法实现的系统），进入一种"万物皆备于我"的沉浸式专属场景。这种场景既是沉浸的，也是内卷的。

所谓内卷，就是封闭自己的世界，只要戴上 VR 头盔，就能接触到另一种世界。这时候，当事人无法对周围的一切进行观察，只能看到头盔中的数字屏幕呈现出的画面。正如科幻小说《三体》的作者刘慈欣所说：

"VR让人变得越来越内向，我们会变成一种越来越内向的文明，而不是向外去开拓探索文明。"

2. 叠加式路径

叠加式路径的代表是AR技术。AR的定义很广泛，涉及的技术种类也很多。目前，主流的AR是指，通过设备的识别和判断（二维、三维、GPS、体感、面部等识别物），将虚拟信息叠加到以识别物为基础的某个位置，并显示在设备屏幕上，实现虚拟信息的实时交互。

比如，给普通机器人加入皮囊和皮相，注入灵魂情感，让它成为仿真机器人。该机器人是一个实体，是一种单纯的操作程序，主要依靠内置的程序对具体情况进行简单的判断，然后进行固定操作。

二者的区别主要体现在：利用VR技术，可以打造一个虚拟世界；利用AR，则可以将虚拟和现实结合在一起，为人们打造出一种理想的娱乐和现实的全新体验。

虚拟数字人，既是元宇宙的构成元素，也是人机交互的入口。虚拟数字人以仿真机器人大脑作为底层系统，借用仿真机器人大脑，虚拟人就能主动理解用户，并为他们提供服务。

因此，为了人类的不断发展，就要提高AR设备的发展速度。可是现状是，VR设备的销量远高于AR。何时才能改变这种状况？据说，苹果公司将于2022年或2023年推出AR设备。在苹果公司陆续推出几代产品之后，AR的时代才会渐渐来临。目前，在元宇宙的世界里，苹果公司的话语权还不太大，甚至连库克也多次表示：不要跟我谈元宇宙，要谈就谈

AR。苹果公司致力于 AR 的决心由此可见一斑。

二、渐进 VS 激进

一直以来，通往元宇宙的路径有两种方式：激进路径和渐进路径。

1. 激进路径

其代表是《Roblox》。

这款游戏兼容了虚拟世界、休闲游戏和自建内容，游戏中的多数作品都是用户自己创作的。苹果市场经理特里斯坦．科斯明卡曾表示：游戏不仅有头有尾，还具有一定的挑战性；《Roblox》不是"游戏"，而是一种"手机应用"。他说："在《Roblox》中，有些体验我们并不认为是游戏。"

其实，2004 年上线的《Roblox》，从一开始就没有为用户提供游戏，只提供了开发平台和社区；为了吸引用户，设定了创作激励机制，打造了一个完全由用户打造的去中心化世界。也就是说，任何人都能进入这个空间进行编辑、创作剧本或设置游戏关卡等。

2019 年 5 月 29 日，Roblox 和腾讯推出了本地化的《Roblox》，专门为中国内地用户服务。2021 年 11 月 9 日，Roblox 的电子游戏"MeepCity"和"AdoptMe!"，依然保持了强劲的需求，公司股价在盘后交易中上涨了约 33%。

2. 渐进路径

其代表是"堡垒之夜"。这是一种比较典型的渐进模式。"堡垒之夜"的每个赛季都会设定一个贯穿始终的主题，该主题的表达可以看作是一场循序渐进的"舞台剧"。如果玩家每天都进入游戏，就能留意到吃鸡模式地图上的点滴变化，这些变化最终都会指向赛季末的一个惊喜（或惊吓）。

"堡垒之夜"是当今世界最畅销的游戏，其用传统游戏的方式吸引用户，同时增加了社交、经济等元宇宙要素。比如：

在守护家园模式中，为了应对夜晚来袭的各种怪物，玩家不仅要不断扩大屏障，还要搭建堡垒和陷阱；为了增强自身和堡垒的防御力，玩家还可以通过闯关和抽奖等方式获取枪械图纸、陷阱和角色卡。

在空降行动模式中，1名玩家不仅可以与99名玩家进行竞争，还可以2人组队、4人组队，一起与其他队伍进行对抗。为了应对暴风眼的来临，玩家必须不断地收集物资，搭建房屋，进行玩家之间的对抗，直到打败所有对手，得到最后的胜利，成为选拔胜出者。

在嗨皮岛模式中，玩家可以创造属于自己的岛屿，建造自己的地图，还能邀请好友一起玩，当然也可以玩其他玩家设计的地图，只不过需要代码。

三、开放 VS 封闭

在元宇宙的发展过程中，开放式与封闭式两种路径会同时存在。这两种路径在手机市场上体现的比较明显，比如，苹果系统就是一个封闭系统，其形成了"我即宇宙"的状态；与之相反，谷歌公司的安卓系统却开放了自己的生态，每个人都能使用，就形成了"宇宙即我"的状态。而华为既有自己的鸿蒙系统，也有智能设备，其路径是"我和宇宙"。

开放式路径类似于 Roblox 的路径，主要是通过激励参与者运行社区与生态；封闭式路径类似 Facebook 的路径，主要是通过公司运营不断提高元宇宙体验。采用开放式路径，元宇宙运营方就要建立完善的激励机制，比如，去中心化的自律组织。

其实，开放的、可互操作的技术可以为元宇宙的扩展提供最可靠的方式。虽然封闭系统和专有技术具有短期优势，但在规模上却存在着固有限制。任何单一产品或产品套件都无法解决所有问题，而将产品进行更灵活的组合，却能满足这一需求。

开放的软件和硬件生态系统，可以为元宇宙中的创造者和消费者提供更多的选择空间，有机会接触更多的内容、更多的工具和平台供应商。这是一个良性循环。

元宇宙的终极形态将会是开放性和封闭性的完美融合。就像苹果和安卓可以共存一样，未来的元宇宙不可能一家独大，也不可能没有超级玩家。超级玩家会在封闭性和开放性之间保持一个平衡，这种平衡有可能是自愿追求的，也有可能是国际组织或政府强制要求的。因此，未来的元宇宙会是一个开放与封闭体系共存甚至可以局部连通、大宇宙和小宇宙相互嵌套、小宇宙有机会膨胀扩张、大宇宙有机会碰撞整合的宇宙，就像我们的真实宇宙一样。

元宇宙终局将由多个不同风格、不同领域的元宇宙组成，用户的身份和资产原生地跨元宇宙同步，人们的生活方式、生产模式和组织治理方式等均将重构。这个全量版元宇宙将会承载更大的商家价值，新的创业公司也会在细分领域崭露头角、百花齐放。

下篇

元宇宙的应用与机遇

第四章　元宇宙的主要商业应用

元宇宙 + 游戏行业

游戏是元宇宙的第一个应用场景。

目前，腾讯公司投资的元宇宙概念股游戏发展火爆。其以"游戏+社交"的方式接轨元宇宙，已经投资了约70家游戏公司。此外，阿里巴巴、百度等也在游戏、智能硬件等领域发力；国外的脸书、微软、英伟达等科技公司也争相布局。

另外，被曼昆的《经济学原理》作为案例收录的网络游戏《星战前夜》就是一个经典的例子。这款游戏最让人津津乐道的地方就在于，其经济模型以及游戏机制构建出的真实感。在《星战前夜》中，玩家的行为决定了其身份，而不是系统设置好了的职业。这就如现实中一样，你可以在游戏里采矿成为矿工，或成为负责运输货物并保证其安全送达的镖师，或成为偷袭运输飞船的星际海盗，或成为追捕海盗的赏金猎人。这些行为决定了你是什么角色，而又会因为这些事情让玩家自发地形成各种各样的组织,进而拓展出各类生产、商业、军事活动。

另一方面,里面的资产与现实中的资产有着非常类似的属性。比如,玩家的飞船遭到破坏,就会失去一大笔资产,经营不善,玩家很可能在一次袭击中丢失掉自己经营多年的全部资产。同时,游戏里涉及各种生产资料和商品,为此,游戏不仅专门提供了一个交易市场,还提供了可以直观显示物品价格走势的价格趋势图。这些机制助推游戏中衍生出了商会、金融炒家、保险行业等与现实无二的组织或者行业。

还有,Roblox 是世界上最大的多人在线游戏创作平台。该平台提供了一套可以构建自己虚拟世界的简易编辑器,允许人们低门槛地创作,构建出自己想要的虚拟世界。在 Roblox 中,玩家既可以开发自己的游戏,也可以玩别人开发的游戏,并使用虚拟货币"Robux"消费,比如,购买特定游戏的虚拟角色、虚拟道具、特殊权限等,任意一款游戏的消费都分享给平台与开发者。至 2020 年底,活跃在 Roblox 上的内容开发者大约有 800 万,2000 多万个游戏体验场景,相当于构建了千万级别的小型虚拟世界,Roblox 真正体现了元宇宙的发展潜力。

游戏企业已经成功布局元宇宙

随着娱乐、生活、工作等持续数字化,游戏或许会成为最先触发"元宇宙"并抢到红利的行业。

一、为什么是游戏行业率先出圈?

从元宇宙概念来看,元宇宙是平行于现实世界的、始终在线的虚拟世界。在这个世界中，除了吃饭、睡觉等必须要在现实中完成，其他的都可以在虚拟世界中实现。简单来说，元宇宙要尽量把所有现实世界的东西都搬到虚拟世界去。那么，为什么游戏是元宇宙的先导行业呢？

1. 游戏可以促进元宇宙的持续性发展。未来用户创作会成为元宇宙游戏发展的趋势，游戏可以为元宇宙提供交互内容，是元宇宙内容发展与用户流量的关键赛道。

2. 游戏可以推动元宇宙所需的最关键技术——虚拟现实。游戏可以通过虚拟现实提供超越现实的奇幻体验，创造更高的价值与独特体验。在这个过程中，元宇宙发展的各项技术、产业等都会逐渐落地。

二、目前元宇宙游戏市场的表现

元宇宙第一股 Roblox 在纽交所上市首日，股价即大涨 54%，一年暴涨近 10 倍。目前，美股盘总市值为 443 亿美元。

2021 年 4 月，模拟类游戏《LiveTopia》登陆 Roblox，仅用了不到 5 个月的时间，月活跃用户就超过四千万，累计访问突破 6.2 亿次，平台用户超过一亿，成为首个现象级的元宇宙游戏。

目前，游戏大咖米哈游、莉莉丝等都在发力元宇宙游戏赛道，打造虚拟游戏世界。多家游戏公司还融到大量的资金，比如：沙盒平台研发商 MetaApp 完成了 1 亿美元 C 轮融资；美国游戏开发公司 Epic 获得了 10 亿美金融资，估值为 287 亿美元；NFT 初创公司 Candy Digital 完成了 1 亿美元的 A 轮融资；日本元宇宙游戏平台 The Mechaverse War 完成了 120 万美元种子轮融资⋯⋯

未来，与游戏相关的 VR/AR、云、PUGC 游戏平台、游戏硬件产业、网络及运算技术、物联网技术等领域将迎来长期利好，必将出现更多的渐进式技术突破和商业模式创新。

三、从游戏即服务，到游戏即平台

元宇宙将成为游戏发展的下一阶段——从游戏即服务，到游戏即平台。

在过去的十年中，游戏已经演化发展成一种集游玩、观看和参与于一身的体验。元宇宙将会成为游戏的下一个阶段。到时，非游戏体验也会被整合其中，由技术、消费者与游戏的互动方式来共同驱动。

这种演化发展，会让游戏成为一种平台，供多个利益相关者在其核心产品之外创造和获取价值。

如今，游戏发行商正在通过非游戏的体验方式推动人们接纳这种全新的互动体验，例如：虚拟音乐会、虚拟时装秀、IP 联动，以及媒体、产品联名。吸引了众人参与，因为虚拟音乐会和类似的活动也能吸引到非游戏玩家。

同时，玩家还将游戏视作一个平台，进行身份表达、举办社交活动，或创造自己的游戏模式，形成了类似于元宇宙的体验。

总之，不管是元宇宙的短期，还是长期演变，都将带来新的商业模式、内容生产、互动和崭新的参与模式，对玩家和非玩家来说都是如此。

游戏模拟现实活动，其实早已经开始。

受益于《堡垒之夜》虚拟音乐会的影响，演出结束后，Ariana Grande

在《堡垒之夜》内演唱的歌曲在各大音乐、视频平台上的播放量大增。这些增长主要是由曲目《Be Alright》带来的，该曲目的播放量从2021年8月5日至8日之间增加了123%。为参与者提供了越来越多的互动和深度体验。例如，玩家可以在漂浮的气泡中跟随Ariana Grande，或乘坐彩虹尾小马在空中"旅行"。

无独有偶。

Roblox通过游戏内活动，尝试接触年龄较大的受众，例如，举办了与Lil Nas X、Twenty One Pilots和KSI的合作音乐会。虽然不如《堡垒之夜》中的活动受欢迎，但也成功吸引了超过3300万名玩家。音乐会结束后，13岁以上玩家的游玩量翻了一番。现在，13岁以上用户占游戏日活跃用户的44%。

现阶段，不同游戏平台具备的差异性，制约着开发者生态及用户的游戏体验。而元宇宙的发展核心则是打破平台界限。从短期来看，元宇宙的发展完全有可能打破终端平台界限；从长期来看，必将打破空间界限，拉近全球用户的社交距离。

四、游戏企业的元宇宙布局

随着元宇宙概念掀起热潮，游戏行业作为元宇宙生态发展的重要推动方，也在重点参与，众多国内游戏企业纷纷布局元宇宙相关领域，现有布局主要分为四个板块：底层架构（如区块链、NFT）、后端基建（如5G、云化）、前端设备（如AR/VR、可穿戴设备）、场景内容（如游戏内容）。

数据显示，约 40% 的中国上市游戏企业先后在不同领域的元宇宙业务进行布局，包括腾讯游戏、网易游戏、世纪华通、中手游等。除内容布局外，部分企业还在 XR、人工智能、云化领域等进行投入。

除游戏企业外，部分企业则在技术侧为中国游戏产业元宇宙的发展提供支撑，如元境、Unity 等推动了中国元宇宙的发展。

1. 腾讯游戏

在 2021 年的腾讯年度游戏发布会上，腾讯对元宇宙相关的战略布局占据了较为重要的位置。

腾讯将整体布局解释为"超级数字场景"，这也是"早期"元宇宙所呈现的趋势。这些趋势包括通过扩展内容、社交互动和增加线下活动，模糊现实和虚拟世界之间的界线。

目前，腾讯比所有西方公司都更加重视线下活动，推出了超级数字场景合作开发项目，为玩家提供了线下活动中的沉浸式游戏体验。在具体实施策略上，腾讯通过一系列的联名合作活动，逐渐实现了《和平精英》中的元宇宙概念，包括增加非游戏目标和引入更多的自定义内容。在即将推出的绿洲启元模式中，玩家完全可以自由编辑游戏地图、武器、道具等。

2. 世纪华通

世纪华通在与元宇宙相关的产品内容、脑科学、AR/VR、云游戏等领域均有所布局，为元宇宙生态的发展从技术、商业合作等各层面进行尝试和拓展，触达更多的元宇宙领域。

在产品内容上，世纪华通强化自研产品《LiveTopia》在全球范围已取得了一定的成绩；

在脑科学层面，世纪华通重点布局"数字孪生"领域，旗下产品在治疗失眠、儿童注意缺陷与多动障碍方面均获得了阶段性成果；

在AR/VR、云游戏等领域，世纪华通通过商业合作的形式链接产业链上下游，借助投资方式扩大元宇宙相关业务布局，以实现全链路的技术输出和多领域技术协同。

2019年世纪华通同中国移动旗下咪咕互娱签订合作框架协议，双方将在游戏联运、5G、云游戏生态建设、版权合作、电竞产业、战略投资、传统文化数字化、海外拓展运营和其他商业合作等方面进行全面战略合作；2021年公司与江西省联合发起设立虚拟现实产业基金，投向虚拟现实产业链。在技术投入的支撑线，未来世纪华通将持续强化产品与多个技术领域的融合。

3. 中手游

作为以IP战略为核心的游戏企业，中手游将IP赋能元宇宙的发展，并打造首个国风文化元宇宙"仙剑元宇宙"——《仙剑奇侠传：世界》。该产品按照数字孪生、虚拟原生、虚实融生三步规划，已经具备了元宇宙的基本核心特征：跨终端随时随地加入、沉浸式体验、虚拟身份、强社交性、自由创造、经济系统。

游戏玩法中，不仅包括大量UGC生态内容，还向玩家粉丝提供低门槛的UGC编辑器，玩家可以自由创作专属于自己的内容。而玩家在游戏内与社区中的游戏行为与创作所产生的所有内容价值，都将转化成为虚拟身份的"数字资产"。

4. 元境

元境是云游戏领域研运一体化的服务平台，在云游戏领域实现了 3D 开放世界游戏的跨端发行、头部手游渠道的云化发行、大屏终端厂商的云游戏平台、大型 SLG 游戏的微端买量等多个头部场景的实践，并积累了丰富的技术应用经验。

云游戏相关技术是元宇宙能够实现的重要技术支撑，构建元宇宙生态的基础离不开云计算、边缘计算、图像渲染、串流等技术的发展，不仅能解决元宇宙对于算力的需求，还可以降低产品延时、提高画面渲染能力进而满足用户对于沉浸感的需求，相关服务的全面完善才能将元宇宙的虚拟与现实结合的概念最大化实现。

元境在云游戏技术领域深入布局，沉淀了行业前沿的研发技术和成果，通过对云游戏技术的不断深耕，和对游戏产业的不断支持和服务深化，推动了元宇宙底层技术的发展，成了未来元宇宙实现的重要推动力量。

5. Unity

Unity 在游戏开发技术相关领域深入布局，现阶段已成为中国游戏产业发展的重要参与者。Unity 围绕跨平台技术、人才培养、元宇宙架构支撑等层面展开了元宇宙相关布局。

（1）在跨平台技术领域。Unity进行了多项内容的创新，包括高清实时渲染技术、一站式跨平台解决方案、云端传输技术等多个领域，进而帮助更多的游戏企业解决跨平台痛点。

（2）在人才培养领域。Unity持续培养技术性人才，并输送到各个游戏企业，而技术性人才未来也将成为元宇宙发展的关键因素，尤其是随着技术复杂程度的提高与多类技术的融合，技术性人才的重要性将显著提高。

（3）在元宇宙架构支持层面。Unity在多个相关维度具备技术支撑，并且持续探索元宇宙的关键技术，从原生平台开发、接口开放等多维度提供完整的工具链，在XR生态、引擎技术、云端算力等方面提供技术支持。

（4）在内容创作方面。Unity是业内第一个将数字人制作流程标准化并分享给所有开发者的公司。近期Unity收购了全球领先的视觉特效团队Weta Digital，将为越来越多的游戏开发者、美术师和潜在的数百万创作者提供更先进的内容创作工具。

元宇宙将如何改变未来的游戏？

2021年自Facebook改名Meta全力押注元宇宙开始，全球互联网行业就掀起了一股"元宇宙热潮"。

元宇宙是一个基于现实世界的虚拟空间，而游戏的产品形态与元宇宙相似。因此，游戏是元宇宙搭建虚拟世界的底层逻辑，也是在游戏基础上的进一步延伸，游戏也就成了"元宇宙"的入口。

从"元宇宙"的角度挖掘游戏产业发生的变化，投资者就能了解到该行业后续发展的前沿动向。

一、元宇宙和游戏的关系

从本质上来说，元宇宙是一套内容交互系统，不仅可以容纳游戏，还能容纳教育、影视、新闻、娱乐和社交等以内容流为载体的行为。

现阶段，游戏是元宇宙最好的发动机。一方面，作为模拟人类活动的娱乐产品，游戏必须运行在虚拟机中，对元宇宙的渴求最迫切；一方面，元宇宙需要游戏提供乐趣，吸引第一批"宇宙移民"。一旦元宇宙拥有了足够多的移民，就不再局限于仅仅提供游戏，还可以在该数字化的世界中去重构现实中的社交、生活、经济与社会系统。

未来，元宇宙必然会构建适宜人类生活的数字化世界，突破物理世界和人类身体的局限，将人类的潜能充分释放出来。这个数字化的世界，不仅包括完备的经济、社会和娱乐系统，还跟现实世界深度融合在一起，形成了强大的相互作用力，很有可能会改变人类社会和人类自身。

二、渠道与内容走向分化

当游戏用户增量放缓时，整个市场就无法实现新的增量空间了，存量竞争也就成了市场主流。从目前市场情况来看，游戏行业的发展已经处于渐缓状态。数据显示，2021年中国游戏用户规模保持稳定增长，用户规模为6.66亿人，同比增长0.22%。同年，中国游戏市场实际销售收入为2965.13亿元，比2020年增加了178.26亿元，同比增长6.40%。

在存量市场竞争逐渐变得激烈的大环境下，内容真正掌握了一定的话语权，而这也促使国内游戏市场上渠道和内容走向分化。

从宏观来看，目前游戏市场已经从增量进入存量时代，用户流量增长的核心逐渐趋向"游戏内容精品化＋平台品牌虹吸效应"。随着游戏开发成本的逐渐提高，以及新一代厂商与渠道关系的形成，内容为王的游戏时代已经向我们走来。

三、元宇宙以多种不同方式改变游戏行业的发展

1. 游戏设计。元宇宙不仅可以为用户提供熟悉的单机游戏和在线模式，还能为用户提供核心游戏玩法，以及提供创造和社交互动的机会。

2. MOD制作内容。在元宇宙的发展中，社区扮演着重要的角色。玩家自发修改或加入新的游戏内容，制作完成后上传到游戏社区，就能供其他玩家下载。在这些项目中，越来越多与人工智能相关的元素都会简化游戏中UGC内容的创造。

3. 商业模式。元宇宙游戏为企业和玩家提供了新的经济机会，包括举办虚拟活动、制作和销售NFT产品、创造"玩来赚钱"和"玩来打卡"等概念。

4. 市场营销。元宇宙会推动游戏中原生广告集成的增长，公司能够将自己的品牌融入其中，吸引目标客户，并用平台游戏推广自己的IP。

四、元宇宙能为游戏创造者提供什么？

首先需要说明的是，游戏和元宇宙的关系非常密切，玩家通常都愿意在虚拟活动、皮肤、角色等方面进行投资。数据显示，2021年第二季度，

Roblox 的虚拟货币购买量增长了 161%，达到 6.523 亿美元。人们开始通过加密货币、NFT、虚拟角色和沉浸式游戏体验等方式与数字世界建立更深层的联系。随着数字身份的进一步发展，也会努力为社区提供"一个家"的平台。

元宇宙游戏中，不仅有成熟的社交机会、单一的界面，还有在不同模式下与朋友联机的能力。从理论上来说，元宇宙游戏实现了游戏之间的跨平台融合发展。此外，元宇宙还能为玩家提供独特的体验，从而提高公司的竞争力。

元宇宙游戏领跑者一般都允许用户登录一款游戏，玩游戏的过程中，用户都能获得许多不同的体验。而在元宇宙出现前，用户要想获得类似的体验，就需要登录多个不同的游戏。

多样性固然可以吸引人们的注意力，但当一款大型游戏包含许多子游戏时，开发者就能选择简化一些内容。

五、创造元宇宙游戏的挑战

将元宇宙与传统电子游戏做比较，就能发现，部分创造元宇宙游戏所涉及的元素，是此前创造传统电子游戏时所没有的。例如，开发者需要构建必要的基础设施和工具、跨越链接、用户界面和虚拟环境等。

3D 环境和地理空间的映射形成了扩展式的现实结构，体现了混合、增强和虚拟现实等结合。创建元宇宙生态系统所需的大部分技术（扩展现实技术、区块链技术等）已经存在，而其他补充技术（人机接口等）依然处于开发完善中。以此为基础，许多服务会进一步发展到构建内容（创作者经济）、营销内容（商业）并使内容可发现（搜索）的阶段。

目前，技术基础依然在发展，缺少为跨多个元宇宙的互用性设定的一致标准。这也是关键，因为用户希望在不同的平台之间实现无缝转移、分享虚拟资产和个人体验；开发者希望自由选择相关的跨平台工具。

未来，预计许多大型平台将调整其商业模式，在一个可互用的元宇宙中运行。鉴于可能涉及大量敏感的个人信息，一定要重视隐私和数据的安全处理。如果虚拟世界导致用户回避现实世界的责任和互动，就得不偿失了。

元宇宙 + 零售行业

随着元宇宙的不断升温，元宇宙给零售品牌带来的创新和影响也有目共睹，举几个例子：

例子1：

深圳龙岗万达广场开启了"商业空间元宇宙"项目，其围绕场景、内容、科技三大方面进行创新，运用BIM和3D点云扫描技术建立了万达广场的数字孪生体，形成了与实体广场对应的"平行世界"，打造了数字化的虚拟现实体验；利用数字化运营管理平台，通过虚拟与现实之间的互动操作，对万达广场智慧化消费场景、智能化运维服务、数字化资产等进行了有效的管理。这也算是零售业元宇宙应用的探索者。

例子2：

广州悦汇城开业一周年时，为消费者打造了一场极致的元宇宙购物体验——大型 AR 实景应用 AR Show。该 AR Show 由人工智能软件公司商汤科技 SenseTime 和越秀集团一起打造，将虚拟的冰雪奇境与现实场景交融在一起，使得悦汇城日客流量一度超越开业同期。

例子3：

美国零售品牌 GAP，基于元宇宙概念，推出了虚拟试穿。通过3D虚拟形象，消费者就能找到适合自己的服装；还能根据自己的风格和体型，找到适合自己的服装尺寸和版型，提高线上购物的满意度和体验度。

元宇宙为用户带来极致的体验和服务

随着"元宇宙"概念的提出，在新的交互式环境中，全新的互动式购物体验必然会更流畅。

宜家采用增强现实技术，通过手机 APP 扫描后，就能使用实体产品目录作为标准尺寸，对家具的尺寸做出判断；然后，把家具的样子直接投射到设备的显示屏上，让用户了解自己选中的某款家具摆在自己房间到底是什么样子、究竟合适不合适？

作为一家全球知名的家具制造商，宜家家居以体验式营销的方式赢得了众多消费者的芳心。无论是卖场设计，还是 DM 设计，宜家家居都走在行业发展的前列。新款产品目录的推出，就是其体验式营销的一大应用。

传统的"人货场"思维是以"场"为中心地，看重的是选址。而面对商业迭代，线下商超需要重新定义"人货场"，将传统的以"场"为中心的思维转化成以"人"为中心。跟线上比起来，线下的客流基础更稳定，顾客真实感知和体验产品，才更容易打造对品牌和产品的信任感。

在"元宇宙"的概念中，运用技术与智能等硬件，不仅能丰富产品的展现方式，还能将客流数字化，优化消费者线下购物的体验。作为"元宇宙"的落地场景之一，触摸大屏可以充分发挥线下门店的空间交互价值，打造一种沉浸式体验场景，增加营销玩法，提高顾客参与度，帮助品牌建立与顾客的信任关系，增强品牌效应。

南京开为科技是一家人工智能明星企业，主打产品"梦之屏"面向线下零售。其搭载丰富的能力和模块，致力于通过人脸识别会员、电子海报、支付等能力赋能给商家，同时通过新型互动广告 + 精准推荐，为精准互动媒体赋能品牌。

根据场内动线，"梦之屏"被成功地部署在店门口、店内货架、墙壁、立柱等处，是连接线上线下的流量入口。该屏实现了"AI 算法 + AR 互动 + 数据智能 + 多屏联动"，可以进行 AR 互动发券、用户信息采集等。AR 互动不仅可以丰富营销玩法，还能给顾客打造一种沉浸式体验，提高曝光转化；可以实时 3D 换发互动、与明星隔空互动等。

奥运期间，开为科技与某头部啤酒品牌达成合作，采用计算机视觉技术，借助场内互动大屏捕捉消费者形象，实时切割形状，将其合并为虚拟背景，满足了消费者与明星同屏观赛的愿望。将名人效应与趣味互动结合在一起，吸引了众多消费者的参与，实现了品牌曝光与销量增长的双赢局面。

虽然元宇宙可能是虚拟的，但品牌获得增长的机会是实实在在的。零售品牌应用虚拟试穿技术，就能提高客户的购物体验，从而进一步促进销售交易的完成。

Gucci 是第一个尝试该技术的奢侈品品牌。2019 年，其在品牌官方应用程序（Gucci APP）中推出过一项运用增强现实技术（AR）虚拟"试穿"品牌经典 Ace 系列运动鞋的功能。除了"试穿"和购买等功能外，顾客还可以拍摄自己"穿着"Ace 系列运动鞋的照片，并分享在社交媒体平台。同时，Gucci APP 还为该项目设计了专属表情包和壁纸，供用户自主选择装饰，创意十足。

2020 年 6 月 29 日，Gucci 推出了"品牌＋社交平台"的合作模式。Gucci 与图片视频社交应用 Snapchat 合作发布了两款新滤镜，平台用户可以运用滤镜的增强现实（AR）技术，虚拟试穿 Gucci 运动鞋；还可以完成线上即时购买。整个操作过程方便快捷，用户只要在 Snapchat 上挑选鞋子，将手机摄像头对准自己的脚，就能查看试穿效果；用户还能在线拍照或录制小视频，并分享给好友。

2021年，Gucci与科技公司Wanna合作推出第一款虚拟鞋履，消费者可以直接在Gucci APP上购买。

优化升级"双平台"共享零售生态系统

随着大数据、云计算、区块链、5G物联网、人工智能、虚拟现实等数字化新技术新应用的融合演进，数字创造、数字交易、数字资产和数字消费等轮廓日益清晰，零售业也快速进入到连接面更广、融合度更深、互动性更强、场景感更真、智能性更高的升级新轨道，零售业的"元宇宙"雏形也逐渐显现。

同时，多项促消费、扩内需的政策相继出台，极大地降低了疫情对零售行业造成的负面影响。这时候，国美持续优化升级"双平台"共享零售生态系统，强化链路更短的供应链优势，提高覆盖全国的物流网络及专业化服务水平，极大地提高了新零售能力，促进了"脱虚向实"的国家政策的有效落地。

国美是中国家电零售连锁业的巨头，从成立至今始终保持目标远大的战略眼光，如今更是以"家·生活"为核心，积极推动线下与线上的融通、虚拟与现实的混同、物质与精神的交融，对零售生态进行了重塑。

1. 数字化赋能——线下线上融合的新玩法

国美拥有雄厚的线下基因，已经形成线上平台和线下实体双线发展的格局。其中，线下构建了渗透城、县、镇、乡等各级市场的矩阵式零售网络。值得一提的是，通过数字化赋能，国美开启了线下新玩法，即通过"一店一页"打通线下门店与线上"真快乐"平台，向附近1~8公里内社区家庭客群，提供多业态、全渠道、全场景、高性价比的消费体验。

"一店一页"创新经营模式，贯穿了商品从售前、售中到售后的全流程服务体系，还兼顾了全量商品与服务的展示、答疑与购买作用，实现了从本地零售服务商向本地生活服务商的升级。用户只要打开国美线上"真快乐"平台，切换到下方"门店"板块，就能看到距离最近的国美门店信息。使用国美"闪店送"服务，只要30分钟，用户就能收到心仪的商品，获得"所见即所得"的购物体验。

另一方面，在北京消费季启动活动上，国美还打造了沉浸式体验馆。运用娱乐化创新性玩法，把数字化、智能化、趣味化消费场景融入科技、美食、国潮等展区，逐渐体现出"新场景""新趋势"和"新体验"。同时，国美还积极向"一店多能"转型，以"场地复用、分时复用、设备共享、服务共享"为四大原则，提高了空间资源使用率，实现了空间维度的共享经济，打造了都市"社交客厅"。

通过创新线下的不同玩法，国美积极探索构建平台化集成创新模式，重点发展品牌连锁店，构建线上与线下的深度融合、虚拟与实体互相补充的商业综合服务体系。不仅展现了国美深化线上线下布局的战略眼光，还体现了国美对宏观经济发展趋势和国家政策未来导向的敏锐洞察力。

2. 共享共建——集约开放的零售新生态

为了保障消费者权益,让营销回归人本,国美运用以消费需求为核心、全面整合供需链资源的多渠道新兴商业模式,借助以消费需求为导向的先进信息化系统,打造了集约开放的零售新业态,体现了国美零售产业的领军风范。

为了响应商务部印发的《城市一刻钟便民生活圈建设指南》,国美积极推动便民生活圈各业态联动发展,构建了线上与线下深度融合、虚拟与实体互相补充的商业综合服务体系。通过小程式、APP、综合服务资讯平台等,接入购物、餐饮、休闲、文化、养老、家政等线上功能,向居民提供周边商品、服务搜索、资讯查询、生活缴费、地理导航及线上发券、线下兑换等服务,打通了智慧社区和智慧管家,很好地将商业属性和社会属性融合到一起,打造了一种集约式发展生态圈。

国美将零售服务向更广维度、更有温度的新方向集成升级,将线上和线下、虚拟与实体、到网到店到家的场景融会贯通,实现了家用、家电、家居、家装、家服务的供应链和服务体系聚合延伸,给消费者提供了高品质、真低价的服务,满足了广大家庭全场景、全品类、全服务、全生命周期的消费需求,提高了消费者的幸福感、获得感和安全感。

依靠双平台和供应链的系统集约优势,可以显著提高商家在零售的流通运营效率,同时将广大商家线上、线下割裂的两套成本投入,节约成双平台一体化的成本投入。商家只要使用一套投入,就能成功覆盖线上线下两个平台，让产品得到了全渠道、全过程的展示，满足体验+交易+服务的销售需求。最重要的是，这种模式还能显著降低商家投入的渠道成本和运营成本，为线下实体销售带来更多的红利和发展空间。

同时，对于消费者，无论是到店购物，还是到网购物，或者社群直播购物，都实现了线上线下全场景的自由穿行，用户足不出户，就能享受到放心消费、快捷服务的精品体验。如此，一方面，线上平台满足了用户对娱乐互动、社交互动的要求；一方面，线下场景化营销和以门店为辐射的服务，还能不断优化购物体验。

这套双平台布局，从一定程度上重新定义了O2O，真正实现了线上线下的精准赋能、融合互补。

元宇宙+服饰行业

对于时尚来说，元宇宙+服饰则是一场数字游戏，实现了虚拟、现实、数字和想象力的结合。但随着时尚在虚拟世界中越来越根深蒂固，新时代的我们可能会将更多的时间花费在体验、社交和购物上。

在元宇宙中，个性化的应用对数字时尚尤其重要，这可能是迄今为止数字时尚的最大应用领域，为消费者、创意人员和品牌开辟了许多新的可能性。

"元宇宙"的出现打破了物理世界的局限，进一步融合了现实和虚拟，带来了全新的互动体验和生活方式，也为服装产业带来了全新的发展方向。如今，服装界的高奢品牌已经开始向元宇宙迈出步伐，主动和NFT等虚拟服装品牌合作进行虚拟商品的生产。比如，小米研发的元宇宙虚拟线上数字时装秀，就说明了元宇宙时尚的无限可能性。

元宇宙服装的成功，标志着实体和虚拟时尚艺术的界限逐渐消失，设计师和艺术家可以在元宇宙的世界里无拘无束地发挥创造力。数字时装、NFT虚拟时装等也将成为服装行业的另外一种艺术语言。

聚焦"元宇宙"，引领数字创新发展

在Facebook公司更名为Meta后，元宇宙也就成了服装领域风头正盛的关键词。如今，国际运动品牌NIKE、Adidas以及奢侈品牌Gucci、Balenciaga等，已经开始向元宇宙迈出步伐，进行虚拟商品的生产；在国内，海澜之家和森马服饰也先后申请注册了元宇宙相关商标。

随着元宇宙概念的持续火热，头部服企已经开始抢占这一新兴市场，而为他们提供支撑的，就是背后的数字技术。可是，数字化转型并不是简单地将把商品放到网上，尤其是对于服装这种传统行业来说，往往意味着从设计到生产到零售的全产业链变革，只有将各个环节打通，才能真正实现时尚零售的数字升级。

服装行业的数字化转型，需要将科创技术和行业应用进行深度捆绑，不是节点式的开发，而是全链路的数字化转型。从面料的研发，到款式的

设计，到营销再到生产的数字化，而数字样衣则是将整个产业数字化转型串联起来的关键节点。

众所周知，服企前期研发投入成本一直居高不下，样衣采用率只有20%~30%，企业每年都要花费几十万到上百万的样衣成本。而3D技术，正是数字样衣的承载体，将沿着设计、成样、试衣、走秀等发展方式颠覆传统模式。

"外贸老炮"周斌正是通过3D技术，完成了对锦惠制衣的数字化升级。

由于外贸行业的特殊性，"外贸老炮"在沟通和决策的过程中产生了大量的交流交互，但需要支付高额的跨国交流成本。为了进行内部自驱力，周斌率先在锦惠制衣内部进行了数字化改造，如今已经在面料中心、设计中心、成衣展厅和成衣、仓库出入库等板块实现数字化，包括业务层面也能进行一些数字化的交流交互。

如今，在周斌的影响下，锦惠制衣的合作伙伴也开始尝试数字化改造。在原材料供应链里，已有50%以上的面料商具备了3D数字化的交流交互能力。

不可否认的事实是，服装行业的数字化改造绝不是一蹴而就的事情，而是以年为单位。对于头部企业来说，或许不会缺少勇气与投入，但对于腰部以下的企业来说，确实是个必须得迈过无力抬腿的坎。如此，强有力的外部伙伴，也就成了服装企业自然而然的选择。

目前，全球数字经济蓬勃发展，"元宇宙""数字时尚""虚拟服装"等新业态的不断涌现，创新了人们的生产生活。服装产业不再是一种传统的工业产业，围绕"绿色、科技、时尚"等新定位，实现了全速发展。在新一轮的变革浪潮中，服装产业要想顺利实现全面产业的提高和转型，产业数字化也就成了必经之路。

一、以服装生产制造企业来看

数字化技术的出现和不断完善，帮助工厂节约了大量的人力和时间成本，提高了生产效率。比如：大数据和 3D 虚拟打版的应用，让制版工作由智能机器完成。工业化和数字化的融合，不仅极大地降低了工厂的生产成本和人力成本，还节省了大量的研发成本，大幅提升了内外协同效率。

举个例子：

秒优的 3D 虚拟打版，运用数字化技术，实现了 3D 虚拟样衣开发。只要对工序时间和快速报价等进行智能分析，就能将数据实时反馈到秒优大数据平台，随即数据就能立刻传到制造工厂，形成数字模型，由计算机进行打版，并完成此后的裁剪工作。从样衣开发到加工生产与发货，整个周期最快只需要 7 天，而一般传统的服装企业则至少需要一个月。

此外，随着数字技术的发展，智能数控裁床的使用，也展现出了巨大的能量，备受服装制造行业的认可。跟传统人工裁剪比起来，智能裁床与大数据的结合，让工序简单化、技术操作标准化、裁剪精准化，提高了生产效率和降低了成本。

在秒优工厂，智能裁床实现了裁剪、拾料、铺料等同时作业；可以快速出料，快速生产，尤其是针对订单量小、款式多、货期时间短的客户更具优势。

秒优通过数字化技术手段，灵活调控智能裁床，提高了裁剪速度，提高了生产效率和切割精准度，能够日裁 5 万件。

这个例子告诉我们，运用数字化智能技术，就能成功打通生产环节的各个数据集成，帮助服装工厂实现生产全流程信息化、生产调度智能化，提高快速反应能力。

二、以服装品牌企业来看

借用数字化智能技术，服装品牌企业在信息采集和传递、产品设计和开发、生产和营销等方面更快捷、更准确、更高效。

对于品牌企业来说，最大的影响便是供应链方面。如今，传统供应链的漏洞逐渐显现：库存积压、数据断层、信息不及时、决策失误、效率低下……数字化供应链协同平台的出现，通过数字化智能技术，可以快速搭建柔性快反供应链，建立数据库，打破传统供应链的固化低效模式，完善供应链体系，夯实供应链基础，让供应链数据更透明，互相流通，实现品牌的重塑升级，凝聚核心竞争力和可持续增长能力。

数字化智能技术对服装企业的未来和发展产生了重大影响，如今许多服装企业已经意识到数字化的重要性，并借助智能工具和数字平台来进行数字化升级，实现了服装"智造"的快速发展。

三、"元宇宙"——服装智造数字化新蓝图

随着数字化逐渐影响各个领域，元宇宙创造的价值愈加明显。如果说元宇宙和VR虚拟结合是元宇宙的第一阶段，那么只有真正实现与产业落地结合，才能被视为其发展步入的第二阶段。

在元宇宙的布局争夺战中，企业获胜的筹码很可能就是抓住数字化，才能开启"元宇宙"新蓝图的另一片光景。

个性化的应用对数字时尚尤其重要

随着移动互联网的普及，带来了消费方式和消费习惯的颠覆性变革，丰富的线上内容带来了更多方便快捷的信息，让消费者拥有了复杂多变的浏览路径，拥有了新的决策链路。另一方面，以内容引发用户兴趣，实现了为用户创造消费场景与需求的兴趣电商等新兴电商形态，给服装行业带来了新的机遇。

随着市场需求的改变，服装企业不得不进行一系列的变革，比如：制造端通过智能改造、单件流水、柔性化生产等升级供应链体系，设计端通过创新的潮流产品设计来驱动消费者的需求和增长，零售端则通过建立商

品趋势洞察能力，精准定位行业和品类的趋势赛道。而这一切进行的前提，就是数字化。

可以肯定的是，这种由技术发展带来的行业变革还会在未来持续深入。而拥有万亿级产业基础规模的中国服装行业，却是个典型的分散型市场，数字化基础弱，潜力大，值得长期投入。

元宇宙是整合多种新技术而产生的新型虚实相融的互联网应用和社会形态，作为未来人类的数字化生存，元宇宙必将重塑我们的数字经济体系，但还处于不断发展、演变的阶段，不同参与者以自己的方式丰富着它的含义。

目前，时装系列正在从实体活动和T台秀进入数字世界，包括视频游戏或社交媒体。数字时尚虚拟服饰发展潜力巨大，据某国际数字时尚网站预测，2022年市场规模将达到958亿元。

数字让时尚回归了本质，以一种有趣的方式，探索、表达着用户的身份和个性。

2021年10月31日，虚拟美妆达人"柳夜熙"出现在人们面前，在抖音上线当天涨粉就破百万，到11月7日，粉丝破400万。在柳夜熙的首支视频中，一身古装的她，为一个小男孩画了眼妆，美术、场景和特效都很精致，不输特效大片。

柳夜熙狂卷网红赛道，创造了所有网红渴望的涨粉速度，而贴在她身上最大的爆款标签便是"元宇宙"，网友们纷纷表示，其预示着"元宇宙"的到来。

同时，密切关联的元宇宙、虚拟偶像已然成为最受投资人关注的赛道。数据显示，仅2021年6月VR/AR/AI领域就实现了27笔融资并购，预计元宇宙相关业务的市场规模将在2024年达到8000亿美元，2030年将快速扩张到15000亿美元。"元宇宙"或将成为一个风口。

在元宇宙中，个性化的应用对数字时尚尤其重要，这可能是迄今为止数字时尚的最大应用领域，为消费者、创意人员和品牌开辟了许多新的可能性。

红领原本是一个经营西装、衬衫等正装系列产品的传统企业。在互联网时代和定制消费潮流来临之前，其敏锐地把握市场需求变化，预先判断出制造企业演变趋势，即使没有成功的经验可循，也开始自我颠覆、摸索前行，最终实现了"互联网+个性化定制"的转型，实现了品牌升级。

酷特智能以3000多人的西装生产工厂为试验室，打造了大规模个性化定制供应链生态体系，用工业化的效率和手段进行定制生产和服务；打造了C2M生态管理平台，实现了多品类产品在线定制、企业资源共享、源点组织管理和商业大数据管理等功能；借用服装大规模个性化定制领域的成功经验，进行编码化、程序化，形成了标准化的解决方案，可以在其他行业进行转化应用。

目前，已经有服装、鞋帽、家具、机械、电子等20多个行业的60余家试点企业和酷特智能签约，应用酷特智能的解决方案实现升级改造。一旦形成以"定制"为核心的新型产业体系，就能产生可观的价值。

元宇宙+家居行业

在元宇宙中，智能家居硬件产品的交互将大幅提高，从二维交互将升级到三维、四维。在传统智能家居产品中，无论智能面板、智能音箱，还是智能电视，其交互控制仅局限于二维的屏幕内，由于屏幕尺寸的限制，交互体验一般都比较差，而借助元宇宙，智能家居产品的交互控制就能上升一个新台阶，比如，智能面板与智能音箱的操控，不会局限于按键或语音，只要直接给虚拟助理使个眼色或做个手势就行；要想关闭音箱，也可以呼出斧头或砍刀给智能音箱来一下；而通过智能电视练瑜伽，瑜伽老师就能坐在你家客厅面对面上课。

利用元宇宙技术的加持，智能家居还有很多的可能性，尤其在现有的智能家居系统中，除了几大平台型的企业依靠智能音箱在做内容，现有的智能家居系统交互大都是基于硬件，缺少有温度的内容和交互的创新，在元宇宙的推动下，远程视频通话、影音娱乐、运动健身、工作学习等日常生活场景必然会出现闻所未闻的创新体验。智能家居行业也将从硬件竞争进入内容竞争、IP竞争和服务竞争时代，依靠遍布家庭的硬件产品，用户就能随时随地接入元宇宙世界，在平行世界自由穿行。

"元宇宙"与家居行业的碰撞

以"元宇宙"的视角重新思考现实，将"元宇宙"这个虚拟概念与现实世界中的家装家居相碰撞，会发生怎样的化学反应？

一、目前智能家居行业存在的五大痛点

痛点1：定义差，伪智能、轻智能扰乱市场

智能家居1.0、2.0时代，国内涌现出7000多家所谓的智能家居品牌，98%的产品形态为单向控制型的智能单品。这些单品的接口标准不同，数据分散孤立，无法实现互联互通，而且产品同质化严重。更严重的是，不具备自有云端技术，无法保障设备的安全和用户的隐私安全。

4.0时代，人和智能家居设备需要真正实现"互联、互通、互动"。智能家居品牌提供AI主动式全屋智能解决方案，绝不是只单做单品硬件，需要具备"铁人三项"的能力，除了硬件实力外，还要利用以规则云和以AI云为主的PaaS平台的技术支撑，否则无法真正实现智能、安全、稳定、系统化的深度定制解决方案。

痛点2：供应链上下游分散，无完善质检、品控体系

目前，智能家居产业缺少主导和承担推动智能家居行业标准制定的领

导者，而不同厂商生产的智能家居设备又没有统一的物联网协议标准，接口壁垒重重，无法自由接入不同的品牌设备。更重要的是，芯片、模组等上游云端和硬件产品等下游设备产业分散，无法形成完善的质检和品控体系，智能家居出现了很多质量、故障问题。

同时，从施工安装速度到交付验收流程，再到后续故障报修和运维升级，都需要完善的标准指引服务中心，并建立一套智能化的服务过程监管和服务质量评估体系，做到交付质量可监管、服务质量可量化。

痛点3：数据隐私泄露频出，安全风险居高不下

为了实现更多的便捷性，智能家居的安全性问题总是被忽略。据 ADT 的一项调查报告显示，93%的智能家居用户担心企业把私人数据公布或用于其他用途。

其实，用户在使用智能家居时确实面临两个问题：一是企业内部未经授权收集用户数据，并把数据交由或售卖给其他企业；二是外来入侵者可以通过不法手段查看、存储用户私人数据，比如：用户的个人信息、位置、联系方式。同时，还能通过该漏洞控制家庭网络中的所有设备。

痛点4：全国渠道覆盖无有力支撑，售后服务近乎空白

近十年的智能家居市场，多数智能家居厂商都没有在线下大面积铺设售后服务网络，不仅损害了消费者的利益，还让众多经销商对行业失去了投资信心。主要原因在于，目前智能家居售后服务通常呈现两种方式：一是厂商自己搭建专业团队；二是与第三方公司合作，对方出人，厂商进行培训。前者需要大量的技术人员投入，后者需要高昂的经济投入，急于求

成的智能家居品牌一般都不会选择这种方式。

痛点5：不同行业的用户需求无法得到满足

智能家居应用场景最广泛的是酒店、家装、地产等行业，各场景下SPU/SKU量级大，却缺少专业工具辅助管理和运营，无法满足地产、酒店业务特色和需求的定制化服务，无法打通配套业务系统。

生活全场景打造是智能家居消费体验的核心，客户服务是智能家居消费体验的延续，为了增强自身的核心竞争力，每个智能家居品牌都需要准确瞄准用户需求，对产品质量、技术含量、用户匹配和个性化服务等进行深入挖掘。

二、智能家居搭载元宇宙

元宇宙主要涵盖基础设施、人机交互、去中心化、空间计算、创作者生态、探索、体验等七层架构，智能家居的基础架构与"元宇宙"并没有什么不同。

简单来说，智能家居就是对传统家居的智能化迭代。智能家居一般是将住宅作为整体平台，使用物联网、云计算、人工智能等新型技术对家居进行范围设备迭代、集成，使房屋成为智能整体，为用户带来沉浸式的居住体验。

智能家居产品，可以尝试增加"一键进入元宇宙"模式。比如，实际的生活场景。如果米饭热好了，元宇宙空间会在我们的VR显示屏中提醒；如果有人来敲门，可以通过监控摄像头或智能猫眼查看；还能通过元宇宙中的遥控器，对家里所有的家电产品进行监控；未来的家装服务也可以在元宇宙空间中实现，真正实现"躺平"化的装修。

三、元宇宙给家居产业带来新机遇

元宇宙为家居行业指向了一个深度数字化、个性化的未来。完整的家居"元宇宙"必然要囊括所有产业链条。

喜盈门国际商业连锁企业总部设于上海，主要从事城市综合体和建材家具广场项目的开发与运营管理，其将国际家居理念带入到了传统生活方式。

喜盈门建材家居汇集了500多家国际国内知名建材家具品牌旗舰店，从智趣设计、智慧单品到智能空间、互联生态，以及全屋智能类家居生活解决方案，其积极拥抱云端营销新风潮，对多方资源进行整合，优化配置，以链式构建智感空间，重塑家居未来的想象力。

喜盈门认为，未来家居行业的趋势，不是冰冷技术与新型设备的简单叠加，需要定制企业＋智能系统双拳组合。智能化系统的背后，更能直击用户的潜在需求，解决生活中的问题和痛点；定制企业可以围绕高端定制、全屋定制、整装集成、高端工程定制等高定领域，将智能系统与定制企业的产品和场景进行结合，打通从定制设计到智能制造的产业全链路。

随着5G、大数据、AI等技术的发展，虚拟与现实结合已经成为未来发展的必然趋势。所谓未来人机交互的重要方式，元宇宙必然会带来全链条的数字化渗透。链接元宇宙，家居行业就能推开虚拟世界的大门，进入一个全新的空间。

"元宇宙"不仅带来了C端体验的改变，还与现实有更多触点

如今，"元宇宙"之火已经烧到了家居家装。

游戏被认为是离"元宇宙"最近的行业。游戏与"元宇宙"绑定的原因在于：一，大量运用了VR、3D、虚拟现实等技术；二，设定了一定的世界观和场景；三，有大量的人与物品……实际上，这些因素同样可能存在于家居家装行业。《梦幻花园》等房屋与庭院布置游戏的火爆，告诉我们，人们都愿意在虚拟世界中拥有自己理想的家。由此，凭借3D、VR、AI等技术，人们定然能实现这一梦想。

到时，只要打开每平每屋APP，定位自己的小区，锁定自己家的户型，选择自己喜欢的装修风格，利用3D渲染，几秒后就能看到设计方案。点开设计方案，就能更换自己喜欢的家居产品。

依靠3D、AI、渲染等技术，这种"游戏"体验无处不在。从商品搜索、主流商品链路到店铺、详情页和售后，基于"我的家"，几乎70%以上的家居家装商品都能转向3D互动场景。在手淘家居家装商品的3D样板间中，一句评价可以"上墙"，犹如游戏世界里的文字广播。

商家、设计师和消费者等只要围绕自己喜欢的一件家具，用手机拍摄一个短视频，AI 智能设计基于 AI 深度学习技术、3D 技术、实时渲染技术，就能完成对该件家具的 3D 建模。有了 3D 模型后，利用深度序列生成技术，就能进行全屋的软硬装室内搭配设计。

"世界"要想真实，需要完整地复制现实世界。一个完整的家居家装"元宇宙"，必然需要囊括所有产业的链条。链条上的所有个体都有进入"世界"的"钥匙"，这也是互联网家居 2.0 时代 To B+C 模式展现出来的最大可能，即走向"元宇宙"。

除了向下有 C 端的流量优势，背靠互联网巨头的新一波入局者还有着巨大的资源优势。背靠阿里，每平每屋的服务范围贯穿产业链条上下，包括消费者、家居家装商家、设计师、装企、MCN 机构、家居达人、楼盘服务商等产业上下游玩家。

通过与淘宝、天猫打通数字商品供应链，可以链接海量家居、家装供应商。目前，合作商家已经突破 5 万家，有数百万的万全品类商品 3D 模型；已经接入 1000 万全球注册设计师。

更重要的是，这个"世界"又是现实的。设计师的图纸，既可以存在于虚拟空间，也能直接落地到现实世界；商家的商品可以上传虚拟模型，也可以直接进入到消费者的家中。

"元宇宙"带来的不只是 C 端体验的改变，与现实还有更多的触点。

同消费者一样，设计师、装修公司、家居企业都很"难"，一是找客户难，二是"合作"难。家居行业高度离散，链条长，各环节都需要"抱团"，比如，设计师会自带装修公司和家居企业合作。

不过，这种合作有利有弊。有利的是，只要进来一个客户，合作方就能有订单；弊端在于，合作方也能出现不匹配，比如有的设计客户很满意，但对装修和家居有意见。

家居家装行业上下皆"难"的原因何在？随着每平每屋等新参与者的入场，重新反思这个行业，就能发现问题集中在"人"和"货"上："人"，一个是用户与流量，一个是服务标准化；"货"指的是家居、家装产品和材料。

网络上曾经流传过一个名为《装修环节的118道工序和标准》的小册子，服务标准化难度由此可见一斑。齐家网、土巴兔等平台过去几年最重要的工作之一就是将流程标准化，规范监理和陪签，设立评价体系规范服务商。但从消费者体验看，还有很大的提高空间。

至于"货"，则是一个更大的难题。家装基本上囊括建材、家具、家电、家居等商品，除家电外，都呈现"大而散"的特征。尤其是建材，消费者对其了解极其有限。

元宇宙 + 教育行业

VR技术可以被广泛应用于科学研究、虚拟实训、虚拟仿真校园、课堂教学、情景化测试等各种教育场景。利用虚拟现实技术进行虚拟实验，在虚拟实验环境中，学生就能放心地去做各种实验，比如：利用虚拟飞机驾驶教学系统，就能避免学员因操作失误而造成飞机坠毁等事故。

AR应用于教学，具有使用方便、丰富教材内容、提高学习效率、实现可视化学习等优势。例如，广西七三科技研发的AR智慧课本，学生扫描课本的图示后，就能在手机上显示对应的3D模型。此外，还有相关的教学解说和动态演示。再如，某科技公司利用学校体育馆的墙壁，结合AR改装成一个球类游戏，学生可以投球到墙上击打漂浮的数字落物，体育锻炼也变得更加有趣。

MR集合了VR和AR的最佳特征，将二者进行无缝融合，就能创造出新的环境，实现物理对象和数字对象共存，并实时自然交互。职业学校德育课堂中的爱国主义宣讲，学生一般都觉得枯燥而不爱学习，如果把MR技术引入职业教育课堂，突破传统宣传教育方式，将文字和图片等信息形象地表现出来，就能极大地降低学生学习和记忆难度。同时，将MR教育资源嵌入到沉浸式和互动式的教学过程中，学生就能在虚拟空间中接触到具象化的精神人物，感受到当时的历史过程，体验感也会更真实，更加身临其境，提高学生的学习兴趣与探究热情，让学生由此喜欢上学习。

元宇宙时代教育会变成什么样？

如今，人们对元宇宙的讨论依然在继续，有些行业未来很可能会发生翻天覆地的改变，比如教育。

在Facebook Connect 2021大会上，扎克伯格用一段影片为全世界展示了元宇宙中教育的可能性——只要戴上智能眼镜，就可以将太阳系的八大行星投射在身前，用手势调出它们的详细信息，将图像放大后甚至还能观察到土星的光环。如果想学习历史，不必对着文物或枯燥的史书，在元宇宙里，学生可以自己行走在古罗马的街头，见识那里的风土人情、社会风俗，甚至还能亲眼看到罗马角斗场是如何建立的。

这些设想绝不是空穴来风。作为元宇宙的必备技术之一，VR已经为教育做出了巨大的贡献。

在职业教育中，VR可以模拟出昂贵的教学设备，不仅能百分百还原机械设备，还能辅助教师进行教学，大大节约教育成本。在医学领域，VR已经应用到了人体解剖课、手术模拟等领域。

在实际的教学场景中，有些网校已经成功落地了VR教育项目。只要戴上VR眼镜，孩子们就能"走"进黄鹤楼楼内，一边观赏建筑的结构与装饰，一边聆听关于黄鹤楼的诗词讲解。此外，孩子们还可以通过VR设备，"亲手"完成物理、化学学中不便于操作的危险实验或大型实验。

作为VR概念与形式的延伸，元宇宙必然会彻底改变如今的教育形式，提高知识的传输效率。但从目前来看，VR教育的发展并不顺利，在实际的教育应用中还不够普适化。直接的原因就是技术不成熟，画面不真实，场景不逼真。例如，做人体结构展示，VR看景点和文物，这些教育形式实际上和多年前出现的多媒体教学模式并没有什么本质区别。

沉浸感和互动性是VR技术最突出的优势，但可惜的是，VR技术还没有发展成熟，在教育中很难发挥其优势。例如，触觉感触装置、嗅觉装置、场景互动装置等，还没有落地，无法产出消费级产品。

在硬件方面，首先，由于技术的缺陷，VR设备无法将显示画面与用户视线的观察角度保持一致，画面具有一定的延时性。在平常的使用场景中影响还不太大，但是当用户进行大幅度运动需要快速转动视角时，就会大大增加这种延迟，导致观察到的画面与实际运动不匹配，用户很容易出现眩晕。

其次，硬件门槛较高，VR设备不具有日常功能，价格虽然有所下降，但依然较贵。VR设备用户量少，内容产出量也少。不论什么载体，教研和课程内容才是教育核心，没有内容，载体再好，也只是空谈。不过，许多团队正投入在VR教育的开发与教研中，相信在不久的将来，VR教育将为教育行业带来一次新的革新。

元宇宙时代的教育，可以完全解决当今VR教育沉浸感不足、互动不够等问题，同时将有无数的内容供给者为元宇宙的教育提供课程。想象一下，元宇宙时代的孩子，可以在虚拟世界的亚马逊雨林漫步，抚摸剧毒的树蛙，感知黏黏的滑滑的手感，一串长长的文字浮现在孩子眼前，介绍了树蛙的习性、特点、天敌等。科技设备模拟出生命的原始气息，让孩子身临其境，放眼望去，无数的生灵正环绕着他，世界正为他运转。

足不出户，孩子们就能去到世界上最危险、最美丽的地方。不论是马里亚纳海沟的底端或珠穆朗玛峰的峰顶，还是炽热无比的撒哈拉沙漠或冰天雪地的南极点，抑或是人头攒攒的闹市或广阔无垠的太空，只需要一个念头、一次点触，就能够瞬间到达自己想去的地方。

届时，人类就能被带入比真实还要真实的虚拟中。

生物课上，不用再夺走实验动物的生命，人体解剖课的主角——"大体老师"也能退出历史舞台；

历史课上，孩子可以通过科技设备参加当年的历史事件；

物理化学课上，孩子们可以在虚拟世界里模拟绝大多数的物理和化学实验；

语文课上，孩子们可以来到浔阳江头，听得嘈嘈切切的错杂弹，亲眼看见，在一片掩泣声中，江州司马青衫湿。

需要强调的是，元宇宙不只是一个虚拟空间的概念，还是一个终将到来的时代。在这个时代，教育将拥有无数可能，等待我们去探索。

元宇宙落地，割流量先行

在元宇宙概念上，教育行业似乎一直都很急躁。从AI教育到教育O2O，再到5G教育，许多教育"妖股"（即股价走势奇特、怪异的股票）乘风而起又陡然坠地。如今，"元宇宙"究竟能给教育行业带来哪些实质性影响？

元宇宙未至，割流量先行。靠"元宇宙+教育"挣钱的第一枪，由罗振宇打响。

在玩家费尽心思思考元宇宙怎么落地时，"罗胖"已经挣到了钱。罗振宇卖课之际，有人已经出书，在京东上，搜索"元宇宙"，已经能看到《元宇宙》《元宇宙通证》套装，评价量过万，宣传语赫然写着"以太坊创始人 V 神推荐"。

除了卖课、卖书，网易（杭州）网络有限公司、广州网易计算机系统有限公司等多个网易关联公司，已经申请注册了"网易元宇宙""雷火元宇宙""伏羲元宇宙"等商标，国际分类涉及教育娱乐、广告销售、网站服务等。

如果说以上这些还都是各位玩家想蹭的流量红利，"元宇宙行业协会"的成立，也给元宇宙概念添了一把火。

2021 年 11 月 12 日，中国移动通信联合会元宇宙产业委员会举办揭牌仪式。元宇宙产业委员会于 2021 年 10 月 15 日获批成立，是国内首家获批的元宇宙行业协会。同日，开元教育在互动平台上表示，将率先进军元宇宙培训赛道，争当"元宇宙教育第一股"。

子公司天琥教育围绕产业人才需求从事艺术设计、动态视觉等方向与专业的职业教育及培训，不仅积极跟踪关注元宇宙相关技术的应用与发展，还积极计划开发相关课程。天琥教育在行业内已率先完成元宇宙相关职业培训课程的内容制作，元宇宙职教赛道有望成为公司新的业绩增长点。

元宇宙在教育和文化宣传中有着广泛的应用，可以让学习变得和玩游戏一样快乐。在弘扬中国文化时，还能深入触动目标群体，让中华文化在不同的地方、不同的时空进行传递，在多元化的场景中身临其境地感受中华文化的魅力。

元宇宙 + 汽车行业

元宇宙概念与汽车领域有很多的共同点，只要结合得当，确实可以给汽车行业带来更多的机会，拓展目前的思维壁垒，提高想象空间。

在虚拟和现实交互的时代，汽车行业将在虚拟和现实之间来回穿梭。用户不仅拥有现实中的车辆，还能在虚拟世界里映射出虚拟车辆。两台车辆存在密切关联，除了能在虚拟世界中努力兑换与实体车辆相映衬的服务外，真实车辆行驶过程中发生的驾驶行为、产生的特殊数据，都会对虚拟车的特征造成影响。反过来，虚拟车养成的能力，都能反过来作为真实车辆升级的参考。

用户可以通过在虚拟时间运作兑换现实收益，车企可以积累更多的数据，节省研发和调研成本，让双方获益。

目前，汽车属性正发生着快速变化，在智能、网联等带领的新四化风潮之下，汽车已经变成了出行伙伴，增加了人车互动、简化了操作，与科技的融合也更加紧密。而在未来汽车的方向中，其更像一个移动出行的空间，集工作、娱乐等多种功能于一身，汽车的场景化更加多元。

未来，买车不只是"买车"，购买的更是背后附加的一系列体验。

元宇宙助力汽车产业变革新赛道

元宇宙的真正价值在于，虚拟现实在行业中的实际应用。从汽车、零部件，到自动驾驶、车联网、智能系统甚至车规级芯片（即满足汽车等级的芯片）的设计开发，都可以借用元宇宙的虚拟现实技术，提高效率。比如，上汽集团智己汽车就对元宇宙理念的应用进行了一次探索和尝试。

"智己"利用元宇宙虚拟现实理念，拿出4.9%股权收益，与用户分享。其利用区块链技术，在保护隐私的前提下，对用户数据价值进行确权，为了回馈用户的数据贡献，用"原石"对应企业创始价值的增长权益。而用户主动贡献数据赚取"原石"，就能从中获取权益。

"智己"借助元宇宙获得关于感知、行驶、辅助自动驾驶使用的数据，不断完善并迭代算法，减少了智能驾驶发展过程中令人困扰的"长尾效应"，提高了驾驶的安全性，反哺用户对智能驾驶的体验。

此外，"智己"还设定了专属的区块链平台"原石链"，"原石"的获取路径可以被记录在元宇宙中，可追溯并无法篡改，确保用户都能公平、公正地获取数据权益。

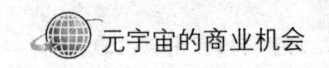

除了技术开发，国内汽车行业也在关注元宇宙的衍生效应。

2021年，蔚来汽车申请了多个"蔚来元宇宙""蔚宇宙"商标；小鹏汽车申请了多件"小鹏元宇宙"商标；理想汽车申请了"理想元宇宙"商标，主要用于电动汽车、自动驾驶汽车、跑车、房车、公共汽车，以及广告、网站、运输、服装、健身、建筑等领域。

目前，对于汽车行业最重要的是，理解元宇宙的内涵，进行技术和市场开发，一味地炒作概念，多半都不会长久。将元宇宙作为一个"风口"，其实并没有完整理解其内涵、作用和价值，关键是要让元宇宙在汽车行业从虚向实。未来，从汽车的设计、个性化定制到使用等环节，人们都可能生活在一个数字化的元宇宙中。

在汽车产业变革的新赛道上，元宇宙究竟发挥着怎样的作用？

汽车、零部件和自动驾驶技术开发的模拟，都可以利用元宇宙的虚拟现实技术。首先，汽车研发人员虚拟现实，就能在计算机上根据理论数据构建虚拟物体，直观了解其各项性能。其次，不仅可以在计算机上虚拟自动驾驶汽车，还可以虚拟道路和行人、交通标志、障碍物和各种突发情况，对相关技术进行检验；再次，模拟生产工艺，就能发现问题，加以改进，提高效率；最后，模拟生产现场，对物料配送、人员操作、流程安排进行优化，提高管理效能。

从一定程度上，还可以将元宇宙看作是汽车产业数字化转型的桥梁和预演。如今，代表元宇宙特色的VR、AR技术，已经被应用在汽车上，成为AR-HUD（增强现实抬头显示产品）。具备元宇宙特性的AR-HUD，能为用户带来科幻前卫的显示效果，直观地融合车辆导航、ADAS等信息，模拟出虚拟现实的交通路况；同时，通过眼球追踪技术，感知驾驶者的瞳孔和凝视位置，提供更精确的定位和交互。AR-HUD契合了智能汽车的概念，只要实现完全的自动驾驶，用户就有更多的精力去追求休闲娱乐功能。如此，汽车座舱就会变成信息、娱乐和广告的载体，使汽车变身成用户真正享受数字化时代的"第三空间"。

不过，元宇宙在汽车行业的应用范围还不止于此。借助元宇宙理念实现的汽车虚拟投影技术，还可以延伸到车辆之外，即营造数字投影灯光技术。一方面，在元宇宙为载体的场景下，汽车虚拟投影的展现形式可以衍生出更多样化、人性化的功能，促进驾驶员与车、行人，甚至其他车辆沟通，打造更安全、更舒适、更有温度的驾驶环境；另一方面，元宇宙可以打通虚拟与现实，可以举办网上车展，人们可以随时随地"逛车展"。目前，有些车企已经开发了虚拟展厅，只要一点鼠标，就能从任何角度看车，也可以放大细节，这在现实中很难做到。作为人们生活"第三空间"的汽车，借助元宇宙的技术，完全有可能实现更多、更先进的功能，为人们带来更完美的体验。

元宇宙应用于汽车行业，目前已经具备了一系列的有利条件：

1.计算机及互联网通信技术快速演进，如5G、车联网、云计算等。

2.扩展现实（XR）技术，可以将虚拟世界精准地投射到物理世界中，也可以让虚拟世界获得更强的沉浸感。

3.除了设计、开发和生产环节，高速、宽带的车联网还带来了体验感更好的社交网络，将汽车用户聚合在一个公共虚拟空间中，促成元宇宙社交。

区块链是元宇宙的关键技术，可以构建打破原有的身份区隔、数据护城河的基础设施，打造完整的数字系统；可以解决数字化产品的唯一性、数字产权、跨虚拟环境等大规模协调问题，同时打造具有隐私性的特色数字系统。

元宇宙利用3D建模和实时渲染技术，配合数字孪生相关的3D引擎和仿真技术，就能辅助新型汽车、零部件及自动驾驶技术的开发，但需要努力开发相应的软件、规划高效的实施路径。这类实用设计软件和工具的开发，可以极大地降低汽车设计门槛、丰富技术创新供给。

元宇宙的真正价值是虚拟现实的实际应用

随着"元宇宙"概念的热度不断增加，车企纷纷抢注相关商标。

2021年8月，"智己"推出了"原石谷"的概念，被认为是元宇宙的初级阶段。

9月15日，理想汽车最先在车企中申请元宇宙商标，国际分类为第12类，名称为"理想元宇宙"。该商标主要用于电动汽车、自动驾驶汽车、跑车、房车、公共汽车等。之后在9月27日，理想汽车同时注册了7类元宇宙商标，名称同为"理想元宇宙"，商标使用范围被扩大到了广告、包装设计、运输、服装、玩具车等领域。

2021年10月15日和10月18日上汽集团一共申请了100个与元宇宙相关的商标类别，名称均为"车元宇宙""车元宇宙 Z-UNIVERSE"，使用范围囊括了汽车研发、生产、制造和销售等方面。

2021年11月初，小鹏和蔚来也分别进行了元宇宙的商标申请，名称分别为"小鹏元宇宙""蔚来元宇宙"。

接下来，我们重点说一下长安汽车。

2022年1月1日，长安汽车喜迎首位数字员工"宫"入职。作为中国汽车行业的首位数字员工，"宫"的出现，代表着中国品牌汽车的科技创新发展节点，预示着长安汽车将为用户带来更好的交互体验。同时，以首位数字化员工入职为契机，长安汽车也将开启以智能化、多样性、形象化展现企业动态和文化的新时代。

来自"元宇宙"，惊艳"2060"。2021年10月，长安汽车跟江苏卫视合作打造了国产原创动漫形象舞台竞演节目《2060》，生活在"元宇宙"的 V-life 虚拟人物，机械义警"宫"也第一次出现在大众眼前：一头干脆利落的红短发，一身白色的磁悬浮机甲，还有又酷又飒的性格，"宫"一出场就吸引了人们的注意。虽然"宫"的主要职责是，在星环城内驾驶长安汽车为其设计的悬浮摩托，消除罪恶和混乱，快速解决交通拥堵，确保安全出行，但自从来到《2060》之后，"宫"也展现出极高的舞台天赋和温柔的一面。无论是高歌一曲《孤独》，还是在双人舞台上，和"弦"强强联手演绎《沧海一声笑》，以及在半决赛与刘维成功合演歌曲《感觉自己萌萌哒》，"宫"给观众带来了很多的惊喜，也让人们看到了虚拟人物的强大实力，更让长安汽车看到了首位数字员工的希望。

160周年华诞，加速数字转型。

2022年，是长安汽车160周年华诞。在"十四五"期间，长安汽车将着力打造科技公司技术生态，加快构建软件和智能化能力。而首位数字员工"宫"的入职，正是长安汽车的又一次大胆尝试。借助"宫"的虚拟人物身份，长安汽车不仅拥有了进入"元宇宙"的能力，也打通了与年轻人更深层次的沟通渠道。

通过"宫"，长安汽车再次拉近了与年轻人的距离，实现了更高层次的情感共鸣，建立起更紧密的相互关系。未来，随着沉浸式探索设备的日渐成熟，生活在长安汽车"元宇宙"世界的"宫"也将和用户展开更多的互动：比如，邀请用户进入虚拟世界，实现跨次元见面；无论在汽车驾驶室，还是在汽车试验场，或者某个汽车展会上，"宫"都会时刻伴随左右，将"元宇宙"的无限魅力充分展现出来。

可以预见，随着中国汽车行业首位数字员工在长安汽车入职，在迈向未来数字化转型的道路上，长安汽车必将为国内汽车企业提供新的参考；在开启对"元宇宙"为行业赋能的探索过程中，成为引领中国品牌数字化转型的先导者。

元宇宙赋能汽车行业，或带来车载显示全新增量需求；工业元宇宙赋能 B 端整车制造，还会带来车载显示全新增量需求。

1. 传统消费电子沉浸感不足，终端产品需求增长放缓。

未来智能手机、平板电脑和 PC 对显示产品增量贡献有限，预计 2021~2024 年智能手机出货量将保持每年 5.8% 的复合增速；平板电脑 2025 年有望达 2767 万台，CAGR（"Compound Annual Growth Rate"，即复合年均增长率）约 2.5%；PC 出货量 2025 年有望达 6766 万台，CAGR 约 4.2%。预计未来主要消费电子对上游显示类产品增长贡献有限，多数厂商已逐渐向车载电子及 AR/VR 领域进军。

2. 元宇宙推进或将提高车载显示体验，产品放量正当时。

元宇宙的核心是，解决显示平台的视觉提高和更多的交互。

智能座舱加速渗透 + 整车搭载屏幕合计尺寸增加 + 产品由 LCD 逐渐向 MiniLED 迁移，在三因素共振下 C 端汽车产品座舱领域，可以为屏显相关产品打开增量空间；HUD 与后座娱乐，将成为重要增量，具备较大成长机会；主要座舱显示产品，将逐渐由 LCD 向 Miniled 迁移，打开单车价值量增长空间。

3. 工业元宇宙赋能 B 端整车制造，引发显示全新增量需求。

汽车电动化促使整车制造向平台化、模块化、智能化加速演进，数字孪生作为工业元宇宙核心技术，可以用于设计研发、模拟测试、生产制造与新技术开发，缩短开发流程，节约设计研发时间，解决测试中碰撞、场地搭建等问题。

元宇宙 + 地产行业

对于成熟的虚拟平台来说,搭建一百个虚拟家园,还是建一万套虚拟住房,毫无区别。即使有些平台承诺推出限量版虚拟房产,也完全不靠谱。元宇宙中可能有成千上万个虚拟家园。

例子1:

虚拟游戏平台 Sandbox,以 430 万美元(约 2739 万人民币)的价格售出了一块虚拟土地,创下了"元宇宙"房地产交易价格的新纪录。在元宇宙中,玩家可以利用土地、房屋等虚拟空间进行创造、社交和游戏等。因此,要想在其中占据一席之地,用户就要拥有虚拟土地或房屋。当然,这些虚拟土地或房屋并不能在现实世界中使用。

例子2:

虹宇宙虚拟世界由天下秀开发,在这里用户不仅能拥有虚拟住宅和虚拟物品,还可以体验房屋装修、社交互动等。

未来,VR 沉浸式体验很可能会成为人们筛选房产的重要方式;同时,还可以将与房产有关的增强信息显示出来。

元宇宙对房产住宅的影响

2021年,"元宇宙"的概念火爆,围绕元宇宙概念的投资产品也层出不穷,有些人甚至玩起了元宇宙炒房。

所谓元宇宙"房产",指的是元宇宙中的一部分虚拟空间。拥有这部分虚拟空间后,就能对它进行建设、装修,可以开设商场,可以用作博物馆展示虚拟藏品,也可以直接出租……可以说,除了不能住人之外,其他功能都类似于真实世界的"房产",只不过地点是在虚拟世界。

关于元宇宙"房产",国内也出现了新的变化,有些公司推出了类似产品。用户在线上预约抢购虚拟房产,只要摇到号,就能比大部分人提前进入游戏。虚拟房产根据房型和地貌从SS、S开始递减到C级,一共分为五个级别,公测前释出的房子只有3500套,一般是较高等级的虚拟地产。而在闲鱼、微信和QQ群里,相关房产"一天一个价格,三天就能翻一番",目前最高级别SS级房产已经以1.8万元的价格成交。闲鱼上,以8000元成交SS级房屋的交易记录也不少。

从目前已经上线的几个元宇宙平台来看,在元宇宙中,玩家可以利用土地、房屋等虚拟空间进行创造、社交、游戏等行为。

以某元宇宙游戏Decentraland为例,用户可以在虚拟土地上按照自己的想法进行个性化建设。对于这些虚拟建筑,用户可以用自己的收藏对外进行二次销售,还可以举办艺术展、音乐节、游戏竞赛、发布会等诸多活动。该平台向用户强调虚拟土地的稀缺性，虚拟土地可以拍卖的方式提供给用户，用户则要以 NFT 进行交易。

同时按照市场规律，在虚拟土地或房屋总量一定的前提下，进入这一虚拟世界越多，虚拟土地或房屋的价格越高。但在虚拟世界中，炒作因素更加难以避免。不过，虚拟资产交易目前在不少国家也存在一定的法律风险。

元宇宙对于地产的影响主要体现在：

1. 未来，人们进入新的沉浸虚拟平行空间，很多新功能都可以在足不出户的家里完成，因此，住宅市场将根据新的产业进化，出现局部功能优化。同时，大量不同行业的办公场所需求会变得更加随意，居家办公将成为普遍现象。

2. 元宇宙沉浸式功能房，会成为住宅产品的标配。该功能房不同于传统书房，需要具备读书、开会、展示、健身等各种功能，房间的面积会更大，可以摆放各种可移动的家具，并预留留白空间。如此，就能适应多样性的会议、娱乐、学习等多场景的沉浸式需求。

3. 中心城市内，除了传统居所，只要满足基本生活需求的小型公寓，都可能成为主流，刚起步的年轻人大部分的生活乐趣都能从虚拟世界获得。

4. 随着医疗与教育在虚拟世界层面发展成熟，家中的老人足不出户，也能去医院看病；孩子们也可以在家里进行体验式的学习，所有的这一切都能在元宇宙功能房里实现。

5. 未来，居住会更无界，更多住所、分时产权房等模式可能会盛行。

6. 地产商建造实体社区的同时，还要具备搭建虚拟社区的能力，建立健康、生活、社交需要的线上线下对应空间。在元宇宙的产业概念下，原有住宅社区会衍生出更有价值的功能空间。

举个例子：未来，在大量住区内预留的传统的广场舞锻炼空间，借用元宇宙技术下，就能直接由线上体育老师领舞，社区的广场舞爱好者都能获得最佳的教师资源。除了广场舞，各种全球健身达人的元宇宙沉浸式教学，都可以直接教授给社区中的普通老百姓。

7. 社区的景观设计与立面设计更注重交互性，实景与虚拟交互的场景设计将成为地产新的美学道场空间。

元宇宙地产价值的未来价值

元宇宙地产的概念很容易理解，因为它在现实世界中是有迹可循的。

人类步入农耕时代后，地产就成了人类社会中最重要的生产资料，所有人类的基础活动都需要基于地产进行。元宇宙也同样如此。

我们所理解的元宇宙是一个虚拟世界，用RobloxCEO Dave Baszucki对于元宇宙的定义来谈，元宇宙至少包括以下要素：身份、朋友、沉浸感、低延迟、多元化、随时随地、经济系统和文明。同时，元宇宙应该是有序的，并不是一个"用户即造物主"或受一个"中心化实体"掌控，不是一个可以肆意妄为的虚拟世界。

在元宇宙中，生活、社交、游戏和创造，必须遵循当下元宇宙的"游戏规则"。而元宇宙地产，就是规则的载体。元宇宙地产赋予用户"交互"

的权利，用户可以遵循元宇宙的相应规则，在其中完成价值创造。

不过，直到如今，元宇宙还是一个不成熟的概念，依然在不断发展和演变。通过元宇宙地产，用户就能以自己专有的理解和行为丰富元宇宙的概念。

2021年10月29日，日本跨链NFT市场PolkaFantasy结束了第二轮Land Sale，只用了很短的时间，稀有级别S和SS的土地就被销售一空。在11月2日，Aave生态NFT平台Aavegotchi元宇宙游戏Gotchiverse完成第一轮土地拍卖，竞价数额约4060万枚GHST（Aavegotchi原生代币，价值约1亿美元）。

这些元宇宙地产之所以能拍出高价，与其作为生产资料的属性和稀缺性有关。但这种价值是抽象的，是"未来的价值"，我们无法在短期内对其真实的价值进行衡量。那么，"未来的价值"体现在哪些方面呢？

1. 元宇宙的叙事价值和情绪价值

元宇宙的叙事逻辑决定了其价值基础，向往元宇宙的人的情绪决定了其价值增量。元宇宙被认为是人类发展的最终目标之一，或是星辰大海，或是虚拟世界，其叙事价值由此展现。不同立场的现金流抉择不同，我们走向的终点也会不同。随着科技的不断进步，我们想要的未来便会来临。元宇宙地产就是其中最重要的生产资料和基石，这也决定了其在整个元宇宙叙事逻辑中的地位。

2. 元宇宙的发展潜力

元宇宙地产最大的价值源于元宇宙本身的未来发展潜力，不论是

Facebook、Microsoft，还是 NVIDIA 等传统巨头，都向外界展示了自己对于元宇宙的关注度。同时，很多人也向往"头号玩家"式的虚拟世界，期待自己能沉浸式体验美好的虚拟世界，控制分身并享受其中高效的社交网络。

人们对于元宇宙生活的美好愿景，定然会促进元宇宙估值的飞速上升。资本的介入催化了元宇宙价值泡沫的出现，这些泡沫又将激发更多的人产生对元宇宙的热情。

元宇宙 + 互联网行业

目前，互联网产业对元宇宙的概念形成了一定程度上的共识，其同时包括物质世界和虚拟世界，不仅拥有全面且丰富的数字内容，还是一个建立在现实世界基础上的、需要保持持久稳定的虚拟空间。

元宇宙为我们提供了未来互联网发展的模糊方向，虽然虚拟现实技术发展还具有较大的不确定性，目前还处在雏形探索阶段，但元宇宙相关的通信技术已经有所突破，5G 等技术的发展应用有助于虚拟现实技术更快落地。从长远来看，随着软硬件技术的突破，元宇宙的应用内容也将逐渐完善。

互联网巨头纷纷将元宇宙视为未来更大的流量入口，积极改进已有应用程序和社交模式，创造出新的增量市场。互联网厂商创造出了适合元宇宙的场景应用，如游戏、社交、会议、教育、娱乐等，增进了用户体验，将已有用户吸引到新平台上。

此后，传统互联网应用的盈利模式也会被复刻在元宇宙版本上，如广告投放费用、直播平台打赏、知识付费等。数字资产、交易服务费、游戏虚拟经济的手续费抽成、虚拟地产等将成为互联网企业布局元宇宙的增量市场。

"元宇宙"概念是互联网商业模式的复盘

人们不知道产业互联网究竟是什么，更不知道如何去落地和实践产业互联网，于是，越来越多的人将产业互联网看成是一个概念。其实，如果认真看下元宇宙，或许就能得出一个答案。

当人们对于元宇宙的认识开始逐渐深入和全面，尤其是当越来越多的新技术开始在传统产业中落地和应用的时候，元宇宙与产业互联网看似背道而驰的存在，开始朝着同一个终点进发，并开始了一场深度融合。在很多情况下，当我们谈论元宇宙的时候，或许正是在谈论产业互联网；而当我们在谈论产业互联网的时候，或许可以从元宇宙身上找到答案。

元宇宙的概念开始火爆，对于虚拟世界和现实世界的融通带来的震撼不断蔓延，如果更多地从元宇宙的角度去思考产业互联网，就能对产业互联网得出更多的新看法。

一、元宇宙让产业互联网得到复现

一直以来，只要一谈到产业互联网，总会有人问，产业互联网究竟是什么？虽然我们始终都对产业互联网充满了信心，特别是对它带来的产业变革有足够的想象力，但是，我们始终都没有合理的例证向人们展示最真实的产业互联网的样子。

当元宇宙的概念出现，特别是诸多应用场景通过元宇宙得到实现，以往我们所认为的遥不可及的产业互联网，自然也就有了新的解释注脚。通过元宇宙，我们可以将原本扑朔迷离的产业互联网真真切切地带到人们面前，并真正明白为何产业互联网会有如此强大的想象空间。

从某种意义上来说，元宇宙时代之所以会来临和出现，一个更深层次的原因就是，产业互联网真正得到了完成和实现。换句话说，产业互联网时代的成熟与完善，为元宇宙时代的来临奠定了基础。借助产业互联网时代的完美逻辑，元宇宙就不再是一个虚无缥缈的存在，而是真正会成为一个触手可及的时代。

众所周知，元宇宙是建立在以大数据、云计算、人工智能、区块链、物联网等为代表的一系列新技术的基础上。但是，只是这些新技术本身，或者仅仅只是这些新技术的简单相加，还远远不够，还需要将这些新技术与产业进行深度融合，更要用新技术去解决传统产业的痛点和难题，特别是要改造传统产业。

只有真正对产业互联网进行彻底全面的改变，让用户触手可及，才是新的产业。同时，这些新的产业又会共同组成一个新世界，即我们现在提及的元宇宙。

可见，元宇宙的出现，让产业互联网真正得到了复现。没有元宇宙，产业互联网的概念也只是一个仅局限于 B 端（"Business"，即企业用户商家）的存在，无法建构起其与 C 端（"Customer"，即消费者）世界的联系，最终产业互联网就会变成一个类似消费互联网的概念。

二、元宇宙让产业互联网不再是假想

产业互联网的概念被提出，很多人都对此产生了怀疑。其中，多数人认为，所谓的产业互联网，其实就是一个互联网玩家为了获取流量而进行的一种营销。其实，产业互联网之所以会出现，更深层次的原因在于，用户的需求已经发生了深刻而彻底的改变，用传统的供给方式，已经无法满足用户的需要了。

换句话说，产业互联网之所以会出现，并不是玩家为了获取 B 端的流量，而是因为需求端也发生了深刻而全面的改变。也就是说，产业互联网是为了满足用户的新需求才出现的，其萌芽是用户的需求驱动，并不只是玩家生搬硬造的虚无概念。

借助强大的用户需求，以及衍生出来的庞大发展潜能，完全有理由相信，等到产业互联网时代真正来临，我们不仅能看到为数不多的市值过亿、过百亿的企业，还能看到海量的市值过亿，甚至过百亿的企业。这一点，同样是由元宇宙展示出来的用户需求所引发的。

三、元宇宙让产业互联网多了生机

人们之所以会将产业互联网看成是消费互联网的延续，甚至将它看成是消费互联网的代名词，一个很重要的原因就是，我们依然在使用传统的资本逻辑和思路来落地产业互联网本身。

对于熟悉传统互联网模式的资本市场来说，早已看透了这样的发展套路。于是，被头部互联网玩家推出的产业互联网开始遭受冷遇，最后索性就变成了消费互联网的代名词。

元宇宙的出现，特别是元宇宙在资本市场上受到的追捧，为干旱无比的产业互联网带来了一场久违的春雨，让产业互联网迎来了生机与活力。当元宇宙与产业互联网相遇，资本市场看待产业互联网的思维角度开始发展，并逐渐理顺元宇宙与产业互联网之间的关系，一场以元宇宙为主导的产业互联网的资本新红利时代也陆续出现。

一直以来，很多人都认为，产业互联网都是枯燥的、漫长的、毫无生机的。很多产业互联网玩家也在不同场合表示，产业互联网是一个干脏活、累活的过程。换言之，产业互联网并不像消费互联网那样，只是搭建平台或只是追求资本，需要做更多繁重且枯燥的工作。

元宇宙的世界杯被带到人们面前，改变了人们对于产业互联网的固有、呆板的印象，通过元宇宙，我们就能看到一个充满生机和活力的新世界。无论是虚拟世界的不可捉摸，还是现实世界的呆板和固化，在元宇宙的世界里都将不复存在。至此，元宇宙不再是一个枯燥、呆板的形象，而是一种充满了生机与活力的形象。对于产业互联网来说，元宇宙激活了它的另一面，让更多的人都愿意参与其中。

四、元宇宙让产业互联网得到释放

产业互联网之所以会死气沉沉，其中一个很重要的原因就是，它的能量并没有得到真正释放。

元宇宙时代来临，直接打通了虚拟世界与现实世界，随着新技术的落地和应用，新体验的提高和优化，都可以在一定程度上颠覆人们对传统产业的认知。

元宇宙让产业互联网的产能得到释放，一个很重要的原因就是，产业互联网在纵向上的巨大能量得到了释放。这也是产业互联网引起众多关注的根本原因。用元宇宙持续激活产业互联网，尤其进行了纵向深入而全面的打通后，产业互联网必然会真正步入到发展的快车道。对于产业互联网来说，这也是一种释放。

元宇宙与产业互联网相遇，就能看到一个完全不同以往的产业互联网。对于产业互联网来说，元宇宙就像一场春雨，只有经历了这个阶段，产业互联网的能量才能得到充分释放，产业互联网的面目才能真正展现在人们面前。

开放创新，打造包罗万象的数字原生社区

如今，国内的互联网大咖开始迅速跟进，他们对元宇宙的热情，完全可以从元宇宙的商标申请中轻松窥得。

天眼查数据显示，截至2021年11月26日，名称中含"元宇宙"的商标申请总量约有6400条，960多家公司参与申请。值得一提的是，9月22日之前，申请公司数量只有130余家；10月22日，大约为400家。也就是说，近两个月申请元宇宙商标的企业呈现倍数增长。

各家的元宇宙观点和产品情况如何？下面，我们就来盘点一下互联网大厂的元宇宙布局。

一、百度

2021年10月，百度正式发布了基于百度大脑的百度VR2.0产业化平台。该平台包括VR内容平台和VR交互平台，前者围绕素材采集、编辑管理、内容分发和采集设备/素材/统一协议；后者则围绕元宇宙场景、虚拟化身、多人交互、VR头显/社交网络，探索三维化信息在元宇宙中的更多可能。

之后，百度在苹果APP Store和安卓应用商店上线了一款名为"希壤"的社交APP，发力元宇宙。百度的目标是打造一个身份认同、跨越虚拟与显示、永久续存的多人互动虚拟世界。

在百度AI开放日活动上，百度副总裁马杰分享了自己对于元宇宙的看法。他表示：元宇宙本质上是对现实世界的虚拟化、数字化过程，元宇宙的发展是循序渐进的，是在共享基础设施的支撑下，由众多工具、平台不断融合、进化而最终成形；当下需要解决最棘手的三个问题，即实时高刷的沉浸式体验画面效果、多人交互的算法支持以及高成本的VR内容生产导致无法形成生态闭环。

二、京东

在元宇宙方面，京东也在尝试与购物的结合。

在2021年"双十一"期间，京东在整个直播过程中，让虚拟IP主播"VIVI子涵"在虚拟直播间中与大家实时互动，带来了数字化购物体验。用户在手机、电脑端，就能直接观看；佩戴VR眼镜，还可以走进直播间与主播零距离互动，也可以拿起虚拟商品进行试穿和360度观看。这种虚拟主播直播带货的方式，确实新颖。

三、网易

为了元宇宙的落地，网易设置了虚拟场景搭建的建造师、虚拟角色的捏脸师等岗位。

在网易第三季度业绩电话会议中，网易创始人丁磊表示，"网易已做好元宇宙的技术和规划准备，等到时机成熟的一刻，网易可能跑得比谁都快。"

目前，网易成功落地了沉浸式活动系统"瑶台"、AI 虚拟人主播、星球区块链等元宇宙概念产品，还投资了多家虚拟人领域创新公司。

四、小米

小米关注元宇宙周边相关机会，已经进行了很多相关技术的储备，在手机、视频、显示等方面都进行了投入。

2021 年 9 月，小米手机官方宣布了新品——小米智能眼镜探索版。该款智能眼镜采用 MicroLED 光波导技术，可以让画面呈现于眼镜前端的显示屏上。这款智能眼镜和普通眼镜在外观上并无太大区别，重量只有 51g，却支持通话、拍照、翻译、导航等特别 AI 功能。

这款"概念新品"在一定程度上体现了小米想要参与元宇宙的态度。

五、华为

华为公司发布了基于虚实融合技术 Cyberverse（河图）的 AR 交互体验 APP "星光巨塔"。

通过"星光巨塔",九色神鹿穿越时空出现在华为园区里,承载星光能量的高塔会伫立在闪闪发光的湖面上。进入这个世界,次元壁将彻底打破,让现实与虚拟融为一体。

"星光巨塔"提供了多种 LBS AR 玩法。参与者只要进入 APP,就能看到一个虚实融合的世界。在这里,还能收集能量、搜索宝箱、寻找 NPC、占领能量塔、团战打 BOSS,取得最终的胜利。

2021 年 11 月 17 日,华为发布了 VR 眼镜 6DoF 游戏套装。在 VR 游戏生态方面,华为使用了 PC VR 助手,用户可以玩到更多 PC 生态的 VR 游戏。

六、字节跳动

字节跳动旗下 Pico 申请注册了"Pico 元宇宙"商标,被外界解读为字节入局元宇宙的标志。

Pico 成立于 2015 年 4 月,2021 年 8 月被字节跳动收购,致力于 VR 研发、虚拟现实内容及应用。

之所以要注册相关商标,主要为了防止 Pico 品牌被抢注用于"元宇宙"概念炒作,属于保护性注册。

字节跳动看好 VR/AR 技术未来在办公、学习、视频等各领域的应用,但这跟元宇宙概念没有关系,因为它对特别宏大、非常抽象的概念一直都持有谨慎态度,内部也要求团队避免使用这类概念,脚踏实地地开展具体工作。

七、微软

宣布加入元宇宙之后，微软推出两款新的软件平台，Mesh for Teams 和 Dynamics 365 Connected Spaces。其中，借助 Mesh for Teams 平台，就能通往元宇宙。而另一个平台，管理者完全可以通过可视化数据和人工智能驱动的模型，了解监测环境中的情况，并及时作出调整。

在"2021红杉数字科技全球领袖峰会"上，微软公司董事长、CEO萨提亚纳德拉(Satya Nadella)提到了近期发展火爆的元宇宙，称对元宇宙十分感兴趣。纳德拉认为，"元宇宙跨越了物理和数字世界，将人、物、场在商业和消费互联网中融于一处，我们或许不该把它看作是单独的消费市场或企业级市场的现象，因为融合可能才是必需的。虽然没有那么引人入胜，但从某种意义上看，疫情中的视频会议的普及已经让我们多少体验到了一个2D的元宇宙。那么，如果有一个3D的元宇宙又会怎样呢？能够真正超越空间和时间，这无疑是一个重要的发展方向。我对这些感到非常兴奋。"

第五章　元宇宙的真正赢家

游戏公司

完美世界：我国最大的影游综合体

完美世界股份有限公司（以下简称"完美世界"），业务涵盖完美世界游戏、完美世界电竞和完美世界影视三大板块，是我国最大的影游综合体。公司前身是1997年成立的游戏工作室，以3D游戏的研发为主。

2004年，完美世界游戏正式创立，推出的《完美世界》大获成功。

2007年7月，完美世界游戏在美国纳斯达克上市。

2008年，完美世界影视成立，并于2014年12月于A股市场上市。

2015年7月，完美世界游戏完成私有化。

2016年4月，完美环球通过发行股份购买资产的方式成功将完美世界游戏注入上市公司。

2021年9月8日，完美世界在投资者互动平台表示，"游戏是最贴近元宇宙的产品形态，公司擅长的MMORPG与元宇宙的特征一脉相承。公司看好元宇宙的未来前景，正在积极探索现有优势与未来技术结合应用于元宇宙领域的多种可能性，并已在目前的游戏研发中融入元宇宙相关元素，期待给玩家带来更丰富的感受和体验。"

同年11月4日，完美世界再次在投资者互动平台表示，公司看好元宇宙的未来前景，多板块联动也是公司的重要发展战略，公司正在积极探索元宇宙应用的多种可能性，期待带给用户更加多元化的娱乐体验。

多年来，公司已经在在线娱乐内容产出能力、引擎、VR、AR、AI等领域积累了一定的技术基础，为元宇宙等下一代娱乐方式奠定了基础。

对于元宇宙、VR/AR等内容的规划、技术储备。完美世界作为一家以技术驱动的企业，在引擎研发、商业引擎应用、3D建模与渲染等核心技术方面拥有独特优势，并积极推动VR、AR等前沿技术在游戏研发中的应用。《新笑傲江湖》手游基于HarmonyOS分布式协同计算能力，利用手机、PC和智慧屏的协同，将三者变为一个超级终端，充分发挥各终端的优势，提高了整体性能，提高了画面的帧率与分辨率，给玩家带来了身临其境的游戏体验。

2021年11月，完美世界与华为HarmonyOS达成了战略合作，公司自研的ERA引擎携手HarmonyOS，在5G时代游戏领域进行更深层次的探索与布局。完美世界积极探索，将现有优势与未来技术结合在一起，应用于元宇宙领域，目前已在游戏研发中融入了元宇宙的相关元素。

2022年1月14日，完美世界在多款游戏中推出了游戏内虚拟偶像，契合了虚拟数字人的理念。

魔珐科技：积极打造虚拟世界的基础设施

魔珐科技是一家以计算机图形学和AI技术为核心的科技公司，成立于2017年，致力于打造虚拟世界的基础设施。公司不仅拥有全站式端到端虚拟内容智能化制作、虚拟人打造和运营的技术，还研发了三维AI虚拟人能力平台。

该公司的核心技术是三维图。这套虚拟世界的工艺流程改变了传统动画由原画师、动画师、绑定师环环相扣、逐帧制作的模式，以自动化软件替代了部分人工劳动，实现了流程化和规模化，提高了创作效率。

在传统动画制作模式中，一位熟练的动画师一天大约可以生产1~2秒钟高质量的3D动画视频。但在魔珐的流程中，单个动画师每日的产出基本上能达到30秒以上，且可以同步完成数个角色，效率大幅提高。

在虚拟偶像动画的制作场景中，魔珐可以实时捕捉真人演员的表演细节，高效输出对应的3D动画内容，效率提高更加明显。

在虚拟人业务上，魔珐采用"平台+服务"的路径。首先，推出了三维虚拟内容协同制作平台化产品，核心技术包含实时AI表演动画、实时渲染、实时解算等；其次，为用户提供端对端虚拟直播服务、定制增值服务等，以及专业级与消费级虚拟直播技术和产品服务，提供虚拟形象定制、场景定制并开放特效库、技能库等；此外，打造了基于人工智能技术的 AI 数字人能力平台，赋能客户把虚拟数字人落地到各类应用场景，如虚拟客服、虚拟老师、虚拟医生、电商主播等。

目前，不论是虚拟人行业，还是魔珐科技本身，都处在相对早期的阶段。对于行业来说，3D 虚拟人建模依然需要大量人工参与，整体制作效率相对较低，产品质量良莠不齐。对于魔珐科技来说，让潜在客户了解公司的智能化虚拟内容协同制作产品，以及三维 AI 虚拟人能力平台等产品的制作水平，依然需要很长时间。

为了给行业树立标杆、让客户了解平台技术水平，魔珐科技打造了一些自己的虚拟人形象，比如：国风超写实虚拟 KOL 翎。翎于 2020 年 5 月出道，已经与 100 年润发、瑞士天梭手表、特斯拉 Tesla、奈雪的茶、Keep 以及央视、VogueMe 等多个海内外品牌 / 媒体达成了代言或深度合作，全网话题讨论一度破亿，实现了虚拟人的商业破圈。

按照规划，魔珐未来要成为虚拟世界的基础设施，赋能整个行业。当虚拟生态成长为万亿级的市场时，虚拟人将不仅仅存在于影视动画、游戏、短视频、直播等场景中，定然能扩大到社会生活服务的方方面面。客户可以在魔珐云平台自助按需采购和使用虚拟服务，除了高科技公司，连普通人也能简单地参与进来，定制和使用属于自己的虚拟形象。

2021 年 11 月，魔珐正式发布了全新一代原创 AI 虚拟人及其新生态，打造了基于 TTSA 技术、STA 技术、智能动作与表情合成及核心美术能力等的 AI 虚拟人能力平台，成功赋能各行各业，自行、直接地生产出所需要的 AI 虚拟人，实现了不同业务场景的高效、高质量、多模态等交互。

2021年底，魔珐科技面向普通消费者发布了"单摄像头虚拟直播产品"，普通人只要使用一台普通摄像头，就能实现高质量虚拟直播，既不用佩戴动作设备，也不用进行复杂调试。大大降低了普通人参与虚拟人创作的门槛，整个行业的空间也变得更大。

2021年12月30日，由890新商学、新国货促进会、头头是道基金主办的新消费产业高峰论坛在杭州召开。新国货品牌创始人、投资人、产业端和服务端等大咖齐聚一堂，近30位嘉宾围绕新品牌、新势力、新产业和新赋能四大主题，共同探讨新消费的未来。针对当下元宇宙风口，魔珐科技创始人柴金祥解读了元宇宙和新消费的关系，他认为，从PC互联网到移动互联网到元宇宙时代，其实就是信息形态和信息载体的升级。元宇宙时代，信息载体最主要的事情是：三维原生的数字内容、虚拟的分身和AI虚拟人。三种内容的形态，构成了元宇宙内容的中心，也将是新消费企业内容的新趋势。

视觉中国：为客户提供相关的增值服务

视觉中国是一家国际知名的互联网科技文创公司企业，其以"视觉内容"生产、传播和版权交易为核心，将全球优质版权内容资源整合到一起，使用大数据、人工智能等技术，通过互联网版权交易平台，为客户提供亿级的高质量图片、视频和音乐素材，为内容生态中的生产者与使用者提供全方位的版权交易和增值服务。

在创新驱动的大环境中，视觉中国在2021年正式启动了"区块链+"

战略，依靠区块链技术在数字版权的生产、保护、交易全流程场景实现应用，发挥区块链的存证、共享、协作、信任等优势，推出了名为"元视觉"的视觉艺术数字藏品平台，为数字版权的各个环节赋能，实现了从2B到2C的跨越式发展。

"2021中国元宇宙企业发展力TOP20"榜单在京发布，视觉中国位列第四名。

综合巨头

移动：全国首个元宇宙机构

2021年12月，中国移动咪咕公司在2021中国移动全球合作伙伴大会上分享了元宇宙的MIGU演进路线图，咪咕开始尝试元宇宙道路。一方面，以算力网络为依靠，用云计算、通信网络等底层技术和基础设施，保障元宇宙虚拟世界的运行；一方面，以游戏、社交、虚拟偶像等载体，促进元宇宙生长，形成全新的内容生态。

咪咕具备入局元宇宙的能力，布局思路清晰，不过要想真正实现元宇宙的数字交互，还需要经过一段漫长的时间，需要切入元宇宙并推动行业的快速发展。对于运营商来说，在基础设施及底层技术外，游戏或许是开启元宇宙世界最好的"钥匙"。

1. 以算力网络为核心,用游戏做载体,"备战"元宇宙

作为通信运营商,咪咕见证了以往通信技术迭代带来的产业革命,并抓住了其中的机遇。从单机、端游、页游、手游、云游戏到元宇宙,咪咕的布局都非常迅速。在构建元宇宙生态之前,咪咕已经是游戏产业生态建设的重要"基建者"和"革新者",率先拿下了元宇宙中游戏这一把重要的"钥匙"。

在元宇宙领域,咪咕立足于自身优势,尽其所能实现技术赋能。咪咕以算力网络为依靠,在元宇宙的道路上力图做一些探索和尝试。按照咪咕公布的元宇宙 MIGU 演进路线图,咪咕一方面以算力为核心,以网为根基,实现了网、云、数、智、安、边、端、链等深度融合,提供了一体化服务的新型信息基础设施;另一方面,推出了具有游戏互动特点的全新引擎 Gamified Interaction Engine……,对内融合游戏云、分布式渲染、云观战、云助战、云对战等多种能力,对外联合小米集团小米游戏、金山云、蔚领时代等,推出了立方米计划,提供云游戏的统一宣发、统一渠道、统一引入、统一模式等云游戏解决方案,驱动了咪咕在元宇宙的运行和持续生长。

"元宇宙"是下一代互联网的全新类型,比拼的核心便是运算能力、数据分析能力等,要想搭建一个多维的虚拟现实场景,需要庞大、复杂的算力网络。因此,从算力网络切入做基建极为关键。为了探索元宇宙的应用落地场景,咪咕将上述种种技术及能力有效结合在一起,运用于游戏

领域。

2. 以自研游戏为"试验田"，强化场景交互，探索元宇宙应用落地

元宇宙的发展共经历三个阶段，分别是数字孪生、虚拟原生和虚实融生。对于现阶段的互联网企业来说，多数还停留在初始探索阶段，即打造一个数字化的虚拟现实体验，同时在内容和场景上进行创新，打破生活场景边界，让玩家在虚拟世界中拥有现实场景的交互和体验。

咪咕的自研游戏正朝着这一方向迈进。例如，由中航独家授权研发的模拟空战竞技游戏《蓝天卫士》，在元宇宙背景下，可以获得打造高自由度沉浸式开放航空世界的巨大想象空间，比如，玩家可以在游戏中拥有自己的战机，自由创造和维护自己的领空领域；航空人员能够在游戏内实施空战演习、模拟训练、举办各类军事文化讲座；游戏内的积分、成就、货币等，都可转化为玩家的个人数字资产。

值得注意的是，咪咕其他自研游戏，包括《云深掌门路》《中国男子职业篮球联赛2022》等也在做元宇宙方向的尝试。《云深掌门路》计划在云游戏形态上进行升级，打造开放的多元化世界，以玩家自由探索为主；而《中国男子职业篮球联赛2022》的游戏则以强化交互体验为主，启用基于动画匹配的运动引擎和基于人工智能算法的AI引擎等。

虽然侧重点各有不同，但异曲同工。咪咕欲以自研游戏为试验地，一步一步地规划和探索元宇宙的应用落地。以游戏为基，负载各种技术，一砖一瓦地搭建元宇宙"大楼"，颇具可行性。既能在自己熟悉的领域发挥出更多的创新能力，又能确保对超前科技及前沿领域的敏锐度和探索欲。

随着元宇宙的发展前景逐渐得到产业认可，5G 网络、千兆宽带网、算力服务体系等数字底座的重要性逐渐显现，元宇宙的发展必然能进一步推动 5G 网络和云基础设施建设向纵深发展。在超高清视频、视频彩铃、云游戏、云 VR、云 AR 等方向，咪咕必然会投入更多的资源，持续深耕"5G+MSC""5G+ 视频彩铃""5G+ 云游戏""5G+XR"等领域，逐渐提高行业的整体发展水平，做大 5G+ 特色应用行业这块蛋糕。

阿里：积极打造"游戏元宇宙"领域

在元宇宙，元境是"新基建"的建设者和技术的推动者，通过对云游戏技术及体验的不断打磨，筑成了元宇宙的底层技术支撑。元宇宙的热潮，让众多互联网及科技巨头争相入局，而真正能够有产品落地的应用，主要集中在游戏和社交产品。游戏是元宇宙的重要入口，而云游戏是最先落地的场景。

2021 年 9 月，阿里云游戏事业部发布了全新品牌"元境"，提供云游戏 PaaS 能力和开发者平台。目前，元境基于阿里云，已经实现了全球 2800+ 的边缘节点、31 个省运营商全覆盖，实现了接入层最后 10 公里的触达，现网运行的网络时延可以低至 5ms。新成立的"元境生生"，简直就是阿里在元宇宙游戏领域的进一步布局。此外，阿里还申请注册了"阿里元宇宙""淘宝元宇宙"等商标。

2021 年 10 月，云栖大会在杭州开幕。大会以"前沿 探索 想象力"为主题，邀请了众多产学研学者、专家、企业大咖齐聚，探讨 5G、大数据、

AR、VR、人工智能等新兴技术的创新成果及应用场景。大会集合了相关领域 20 多家企业，通过体验项目，让参观者见证了 AR、VR、全息影像、数字内容娱乐行业的最新技术。在本次大会上，还成立了 XR 实验室，对元宇宙的概念进行了解读。

腾讯：内部孵化叠加外部投资，全产业链布局元宇宙

腾讯是国内社交与线上娱乐龙头，业务范围涵盖互联网全生态，目前正在开始内部孵化叠加外部投资，全产业链布局元宇宙。

22020 年 2 月，腾讯投资、淡马锡等资本参与了 Roblox 的 1.5 亿美元 G 轮融资。而在更早之前，腾讯以 40% 的持股，成为 Epic Games（3D 及 AR/VR 内容开发引擎 Unreal Engine 的开发商）的股东。数据显示，腾讯在全球 126 个国家/地区中，共有 24000 多件与元宇宙领域相关的企业已公开专利申请。其中，发明专利占 99.74%，主要集中于数据处理、区块链、服务器、人工智能、图像处理、虚拟场景等专业技术领域。

此外，Oculus、Pico 在 VR 领域的布局和 Workplace、华为等在虚拟会议室的成果也值得关注。腾讯积极投入资源，结合自身的产业优势，整合基础设施、XR、区块链、人工智能等技术，为入局元宇宙做好了充分的基础储备。

2021 年 11 月 10 日晚，在腾讯控股 2021 年第三季度业绩电话会上，腾讯 CEO 马化腾首度公开回应"元宇宙"话题。他表示，"元宇宙是个值得兴奋的话题，我相信腾讯拥有大量探索和开发元宇宙的技术和能力，例

如在游戏、社交媒体和人工智能相关领域，我们都有丰富的经验。"

其实，在元宇宙概念大热之前，2020年年底马化腾曾提出"全真互联网"概念："一个令人兴奋的机会正在到来，移动互联网十年发展，即将迎来下一波升级，我们称之为全真互联网。"

在2021腾讯数字生态大会上，腾讯云总裁邱跃鹏表示，随着消费互联网和产业互联网的发展，一个线上线下一体化、数字技术与真实世界融合的全真互联时代正加速到来。

不论"全真互联网"，还是"元宇宙"，虚实融合的未来世界都清晰可见。

游戏是腾讯最擅长的业务之一，也是元宇宙极为重要的内容入口之一。早在2020年年初，腾讯便投资了元宇宙游戏公司Roblox。2021年3月，Roblox在美国纽约证券交易所正式上市，成为"元宇宙概念第一股"。

马化腾在电话会议中表示，"游戏是展现AI、VR/AR等新技术以及国家文化非常好的载体，游戏产业背后有很深的技术沉淀和文化积累。美国通过好莱坞，日本通过动漫，韩国通过电视剧，向全世界输出自己国家的文化，我们希望中国可以通过游戏传达我们的文化。"

除了内容入口，腾讯还掌握着元宇宙的重要底层技术，比如云计算。2018年，产业互联网概念在互联网业内兴起。一时之间，几乎所有互联网公司都开始重点发力to B业务。至2020年，腾讯金融科技及企业服务成为稳定的第二大营收来源。根据财报显示，2021年第三季度，腾讯金融科技及企业服务收入为433.17亿元，同比增长30%，其成长性远高于腾讯的增值服务、广告业务。

同时，腾讯云计算业务得到了快速的发展。据IDC发布的2021年第一季度中国公有云市场数据显示，目前腾讯云市场份额在国内排名第二。在应用领域，腾讯云已经为国内超过90%的音视频公司、超过80%的头部游戏公司及绝大多数电商平台提供服务；客户覆盖银行、保险、证券、消费金融和产业金融等各细分领域；帮助超过30个部委、20个省、500个市县数字化转型；帮助超十万所大学建设智慧校园。

同时，腾讯还快速发展自己的另一项能力。2020年11月，腾讯地图产业版WeMap在北京正式发布。腾讯强调，未来城市和产业数字化将由数据来驱动，需要建立一个数字底座来连接物理世界和数字空间，地图就是两者之间的桥梁；在新基建的浪潮下，新一代数字地图将成为未来城市和产业的核心数字基础。目前，WeMap已在智慧城市、交通、文旅、应急等6大行业获得超过100+的项目合作。

以全真元宇宙为蓝图，腾讯进行全产业链布局。

在上游内容生态方面：腾讯持续研发开放世界类自研游戏，包括生产类沙盒游戏《我们的星球》《黎明觉醒》等。

在下游基础设施方面：计划未来5年内，在云计算、AI、区块链、5G及量子计算领域投入700亿美元，提高游戏的可进入性、可触达性、可延展性，向元宇宙的成熟形态靠近。

在对外投资方面：持续坚持投资基础设施，来完善元宇宙拼图。

腾讯多元的内部孵化及对外投资布局，使其成为最有可能构建元宇宙雏形的企业之一。

硬件公司

乐檬蚁视：VR头盔

在 2016 年国际消费电子产品展上，作为中国虚拟现实行业的领军企业，蚁视再次站在了国际舞台。

作为主展厅唯一一家中国的自主知识产权的 VR 企业与一众国际巨头同场竞技，蚁视代表中国企业"迎战"国际强手，吸引了全球众多媒体和业内人士的高度关注。该款虚拟现实眼镜海外版命名为 PhoneGlassT2。

乐檬蚁视延续了蚁视机饕折叠式的设计风格，作为普及型的虚拟现实设备，适用于主流尺寸的智能手机屏幕，同时拥有更大的视角、画面没有畸变。另外，轻便可折叠，有利于手机散热，可以保护手机元器件不会因发热大而损坏。在产品设计上，采用婴儿用品级的 PU 发泡材料，面贴材质柔软，可佩戴眼镜，支持瞳距调节。

虚拟现实头盔，即 VR 头显（虚拟现实头戴式显示设备），早期也叫作 VR 眼镜、VR 头盔等。利用头戴式显示器将人对外界的视觉、听觉封闭，用户就能产生一种身在虚拟环境中的感觉。

头戴式显示器是最早的虚拟现实显示器，其显示原理是：左右眼屏幕分别显示左右眼的图像，通过人眼获取这种带有差异的信息后，就能在脑海中产生立体感。

每个头盔都是精心设计的产品,是尖端的科技与奇思妙想的融合,可以让用户忘记凡尘琐事,专注于屏幕呈现的 VR 世界中。这里,我们简单介绍一下头盔的工作原理,这些组件合在一起,就能为用户提供令人信服的 VR 体验。

1. 透镜

透镜是最重要的元素之一。透镜,可以愚弄你的眼睛,让你以为面前是一片开阔的空间,而不是两英寸大的平面显示器。要做到这一点,透镜需要聚焦光线,让你感觉显示器好像在无限远的距离之外。很多头盔都采用了特殊的菲涅耳透镜,使用薄的、圆形棱镜阵列,实现与大块曲面透镜相同的效果。这些透镜还可以用来放大头盔的内置显示屏,让图像占据你的整个视野,这样你就不会注意到屏幕的边缘了。

2. 显示屏

高性能显示器,是让 VR 具有说服力的另一个重要因素。它们必须具有足够的像素密度来显示清晰的图像,速度要足够快,这样 VR 中的运动画面才会流畅平滑。

HTC Vive 和 Oculus 都采用了两块 1080x1200 显示屏,一只眼睛对应一块,可以以每秒 90 帧的速度显示图像,为用户提供平滑流畅的运动画面,以及宽广的 110 度的可视角度,覆盖视野范围的很大一部分。

高端头盔使用双屏幕,提供类似于任天堂 3DS 的立体 3D 效果。每块屏幕对每只眼睛显示一幅略微偏移的图像,我们的大脑会自动把它们

"粘合"在一起,成为一幅图像,并在这个过程中产生一种和深度有关的错觉。

三星 Gear VR 把智能手机作为显示屏来使用,为了保持成本低廉和"无线"效果,牺牲了视野和图形保真度,创建立体图像的工作由两个可替换透镜来完成。

3. 焦点调试

每个人两个瞳孔中心之间的距离是不同的,头盔中镜片的位置必须可调,才能根据我们的瞳距来提供正确的立体 3D 效果。

4. 位置传感器

为了显示精确的画面,当你环顾周围时,头盔必须以亚毫米级的精度跟踪你的头部运动。这一点是通过各种内置传感器来实现的。借助这些传感器提供的数据,头盔就能实现真正的"六自由度",跟踪头盔,跟随头部做出任何运动。

5. 红外跟踪

Oculus Rift 和 HTC Vive 都使用红外激光来跟踪头盔的移动,但各方法都不同。

(1) Oculus。使用的是放在办公桌上的"星座"红外摄像头,可以跟踪 Oculus Rift 头盔前后都有的红外发射器。使用 Oculus Touch 控制器,需要配一个摄像头,以免在跟踪头盔和控制器上的红外灯时出现混淆。另外,每个传感器都是单独跟踪的,计算机会收集所有信息来渲染画面,你在任何时候从任何角度看的图像都是正确的。每个红外传感器的坐标都能被立即捕获和处理，图像可以立刻显示出来，几乎没有滞后。

（2）HTC Vive。使用"灯塔"红外发射器，被放置在游戏空间的角落里，可以快速发射激光，扫过房间。Vive上的红外传感器可以捕捉到它，并对其在一个空间内的位置进行测量。

该系统的工作原理类似于Oculus，但本质上是把"灯塔"作为发射器，把头盔作为摄像头，角色正好反了过来。

6. 伴侣系统

Vive头盔，不仅有"灯塔"红外跟踪系统，还有一个前置摄像头，可以使用"伴侣"系统，帮助检测你是否离开了游戏空间的边界。比如，你快要撞上墙壁或家具了，Vive就可以巧妙地给你发送视觉提示，让你知道自己已经到达了VR空间的边缘。

7. 控制器

Rift和Vive都有无线运动控制器，让你与3D空间中的物体进行充分交互，增强沉浸感。

每个控制器都配备了磁力计、加速度计、陀螺仪和红外传感器，可以对运动进行亚毫米级的精度跟踪。

8. 音频

很多头盔中都有内置耳机，可以产生3D音频。如此，你就能将游戏添加音频提示，可以听到来自后面、上面，甚至下面的声音。

隐藏的麦克风可以给游戏开发者提供更多的选择，在游戏中添加更多的沉浸式功能。使用麦克风，游戏就能检测出你在隐形游戏中产生的噪音量，或者把它作为在VR中进行语音交流的方法。

9. 线材

虽然有些 VR 设备（比如三星 Gear VR）是完全无线的，但 Vive 和 Rift 都需要将线材、头盔连接到计算机上，以便于传输数据和电能，让显示屏以 90 帧/秒的速度显示高清图像。如果你是坐着使用头盔和游戏手柄，就没问题；但当你在室内走动时，线材就会成为你行走的障碍。

10. 计算机

VR 这种黑魔法真正发生的地方是计算机。所有的位置跟踪数据都会被发送到计算机上，输入到游戏中，然后再对图像进行渲染，最终发送到头盔上显示出来。

亮亮视野：智能眼镜

2018 年，喜科中国与亮亮视野联合发布了 bluebee 智能眼镜解决方案。

喜科凭借对有"中国特色"维护工作的长期经验，开发出一套将维护管理咨询与信息化工具相结合的创新型互联网方案；亮亮视野多年深耕 AR 领域，在 AR 眼镜的研发与应用中有着丰富的各行业领域的商业落地案例。

2019 年，随着上海进博会如火如荼地进行，进博会的安保工作也进入了最严峻的决战阶段。为了确保大会顺利进行，公安机关不仅加大了警力的投入，还在安保一线投入了亮亮视野"智能警务眼镜"，不仅在环沪"护城河"的南通海门检查站和入沪的各公路公安检查站使用亮亮视野"智能警务眼镜"进行卡口巡检，还被应用于上海国际机场等重要环境。

在进博会安保工作顺利进行之余，亮亮视野"智能警务眼镜"不负众望，助力进博会安全等级提升，再次收获战果。

随着进博会的进行，上海方向的车辆、旅客量较平日倍速提升，南通海门检查站专门开辟了两个上海专用检票通道。但面对高达上万乃至十几万的人、车流量，仅靠民警的肉眼分辨过往行人、车辆的信息无疑是一项巨大的工作量。为了快速地使过往车辆与乘客的身份信息得到确认，保证进博会安全而顺利地开展，南通警方首次在公安检查站配备了可穿戴的智能警务眼镜。

警务智能眼镜一上岗，就发挥出了重要作用。一天下午，民警对途经的一辆大客车进行例行检查，看向驾驶员时，警务智能眼镜发出提醒。经进一步确认，驾驶人实际是一名网上在逃人员，曾因涉嫌危险驾驶罪被启东市公安局网上追逃。

亮亮视野智能警务眼镜佩戴在民警面部，彻底解放了执勤人员的双手；眼镜摄像头自动识别前方人员的面部信息，一旦发现可疑目标，可以在第一时间预警。智能眼镜搭载了 AI 芯片以及自主研发的神经网络框架算法，这一系列的工作都能在秒速内完成。与民警拿到人员身份证进行肉眼比对，工作效率倍速提升，工作难度也大大降低。

2021 年疫情期间，戴上亮亮视野 5G 增强现实智能眼镜，通过眼镜红外测温和动态人脸标记功能，工作人员能够第一时间筛查出来体温异常的人员，从而实现高效抗疫。

面对复杂性越来越高的海关工作，联通基于亮亮视野 AR+AI 技术和

5G大带宽的特性，推出了海关查验协同作业系统方案以及 5G 防疫机器人，有效提高了一线执法人员与后台指挥中心以及大数据平台的交互效率。该设备具备 AI 边缘运算能力与红外测温能力，可以完成移动状态下的智能物资识别、红外测温、作业提示等功能，帮助一线人员专注执行工作任务，降低工作强度，提高工作效率。

5G 防疫机器人以巡逻机器人为核心，整合人工智能、云计算、大数据、导航定位以及物联网技术，具备温度监测、路径巡查、广播播报和报警预警等功能，能够实现全天候、全方位、全自主智能巡检和监控。结合 5G 的大带宽特性，5G 防疫机器人可实现高清视频实时回传；另外，基于边缘云部署，还能对视频的快速算法进行分析，检测人员的信息和体温。

5G 防疫机器人部署在大型活动的人员密集地区或出入口地区，通过路径规划，实现人员的体温检测和异常报警，在疫情期间实现了无接触体温检测和 24 小时不间断监测，降低了人力成本，提高了检查效率。同时，基于大数据分析，生成场馆热力图，实现精细化管理。在检查中，全程与后台指挥中心实时语音、视频互动，很好保留了第一现场关键时间段的音视频证据。

中科院：电子皮肤

电子皮肤，是一种可以让机器人产生触觉的系统，结构简单，可被加工成各种形状，能像衣服一样附着在设备表面，能够让机器人感知到物体的地点和方位以及硬度等信息。

电子皮肤的应用绝不局限在医学领域,同3D打印、大数据等创新科技成果一样,可以给某些领域带来质的改变。目前,即使是世界上最逼真、最仿生的义肢,也无法实现触觉的突破。具有触感能力的电子皮肤,却完全能使假肢理解触摸、弯曲或按压等动作,帮助配有假肢的人恢复感觉。

跳出医学领域,电子皮肤就是研发智能机器人领域的革命。机器人设计虽然早已实现了视觉和听觉等功能,并能进行一些复杂的技术操作,但由于皮肤是机器人技术研发中容易被忽视的部分,笨重的"盔甲"一般都无法检测多方向的触觉三维力,难以体会拿起一个苹果或一个杯子所需的力量差异。

具备良好压敏特性和柔韧性的电子皮肤,可以解决机器人设计的难题,既能帮助机器人敏感地获知环境信息,又赋予了其机械灵活性。

最近,中国科学院北京纳米能源与系统研究所一研究团队提出了一种柔性可拉伸扩展的多功能集成传感器阵列,成功地将电子皮肤的探测能力扩展到7种,实现了温度、湿度、紫外光、磁、应变、压力和接近等多种外界刺激的实时同步监测。

研究人员使用微纳加工技术,制备出大倍率(8倍及以上,可根据需要设计)的聚酰亚胺(PI)拉伸结构网络,其中包括众多传感器节点和蜿蜒拉伸结构。基于这种拉伸结构网络,就能以二维分布式或三维叠层式结构进行多功能化集成,多种传感单元还能独立工作而不互相影响。利用基底的可拉伸性能,可以不断扩张电子皮肤的探测面积,为其进一步的功能扩展提供便利。此外，利用这种电子皮肤，研究人员还制造出一种具有定制化功能集成的智能假肢，既赋予了假肢触觉功能，也使假肢具备了温度感知的能力。

电子皮肤可以得到许多应用，包括智能假肢设备、可穿戴健康监视器和虚拟现实。制造这种电子皮肤的主要挑战是将超薄的电路转移到复杂的三维表面上，然后使电子设备能够弯曲和伸展到允许运动。对此，科学家已经开发了灵活的"电子纹身"，但是这种电子纹身速度慢，价格贵，需要像光刻这样的洁净室。因此，有些科学家又研发了一种更快速、更简单、更廉价的方法，用集成微电子技术制作薄膜电路。

采用这种新的方法，研究人员用普通的台式激光灯打印机，在一张转移纹身纸上画出一个电路模板。然后，他们在模板上涂上银糊，银膏只附着在印刷的墨粉油墨上。在银膏的顶部，研究小组沉积了嫁铟液态金属合金，提高了电路的导电性和灵活性。最后，他们在聚乙烯醇凝胶中加入外部电子产品，如微芯片，并加入了一种由垂直排列的磁性粒子组成的导电胶。研究人员将电子文身转移到各种物体上，展示这种新方法的几种应用，例如控制机器人假肢手臂、监测人体骨骼活动以及将临近传感器集成到手的三维模型中。

软件公司

华为：元宇宙底层ICT技术集大成者

华为是底层技术的提供者，提供云计算、XR等底层技术。

华为云聚焦云计算中的公有云领域，提供云主机、云托管、云存储等基础云服务以及超算、内容分发与加速、视频托管与发布、云电脑、云会议等服务和解决方案。同时，华为还在积极布局VR领域，持续推动AR/VR生态建设。比如，为VR内容开发者提供了HUAWEI VR平台，开发者可以利用华为VR SDK进行创作，拥有华为VR眼镜的消费者可以直接下载体验。华为在AR/VR领域的技术突破加速了沉浸式体验的实现。

2021年9月25日上午，"2021中关村论坛"在中关村国家自主创新示范区展示中心举行全体会议，华为轮值董事长胡厚崑发言，表示河图的应用是整个社会实现数字化智能化的一个点。消费者会获得全新的体验，商业社会可以看到背后蕴藏的商机。

他觉得，背后的趋势，首先是创新的技术正在和各行各业应用场景深度融合。过去五年，这些技术正在和应用场景走向深入融合阶段，扮演的角色越来越重要。

他觉得，物理世界和数字世界正在加速融合。目前热议的元宇宙概念，代表了人类社会对融合的深度向往，但需要更大程度地还原和构建超越物理世界的体验，对目前的网络技术提出了更高的要求。

目前，华为的业务布局早已深入元宇宙底层架构的各个层面。

XR 方面，华为不仅发布了 XR 专用芯片、游戏控制器和 VR 头显相关专利，还围绕"1+8+N"战略集结了 5G、云服务、AI/VR/AR 等一系列前沿技术，同时通过自研、扶持开发者、与游戏厂商合作等多种形式，丰富了内容生态。

在 5G 方面，华为是全球端到端标准的最大贡献者，在端到端的网络端、芯片端、终端等都占据主导地位，构建了网络—芯片—终端的端到端能力。

目前，华为在硬件及操作系统、底层架构和后端基建等三大组件方向上着力布局。

1. 硬件及操作系统

在基础能力方面，华为以 XR 硬件 +OS+HMS 为基础，端云结合全力打造开放的 XR 生态。目前，华为已经在应用底层 Launcher、XR Cloud、XRKit、XREngine、以及 AOSP、鸿蒙 OS、XR 硬件、AI、GPU/NPU API 等基础能力上夯实了基础。

在内容开发工具方面，华为推出了 Reality Studio，即使是没有专业开发能力的用户，也能轻松开发内容。Reality Studio 的功能主要包括：交互设计、场景设计、模型编辑、发布管理全体系。该工具还将支持 3D 格式转换，为了将中国 3D 模型格式推成国际标准，华为还联合国内开发者共同推动中国自有的 3D 模型格式——RSDZ 格式的建立。

2. 底层架构

华为将"河图"和"宇宙"融合在一起，称河图为"数字现实黑科技"。

河图融合了 3D 高精度地图、全场景空间计算、强环境/物体理解、虚实世界融合渲染等四项核心能力，在端管云融合的 5G 架构下，可以为用户提供地球级虚实融合世界的构建与服务能力。

目前，河图的功能已经涵盖识物百科、识人辨人、识字翻译、识车安保、3D 地图识别等，其应用场景也包括景区景点、博物馆、智慧园区、机场、高铁站、商业空间等公共场所，可以为游客提供导览服务。

虽然河图的可拓展场景远不止手机，但从目前来看，手机仍然是河图理想的载体，因为手机具备河图所需的几个关键硬件：屏幕、处理器、摄像头。从河图的功能展示来看，今后的主要载体不会只有手机，随着智能硬件的逐渐完善，很可能会被融合到眼镜、耳机、家居甚至汽车中。

3. 后端基建

华为具备真正的"网络 + 芯片 + 终端"端到端能力。

所谓端到端，就是华为的 5G 产品与技术已经实现了从无线接入、网络基础设施，到终端设备的"端到端"。要想打造 5G 端到端的能力，就要掌控每一个核心环节，不能遗漏每一个解决方案。

（1）产品端。作为 5G 时代的领导者，华为发布的 5G 产品解决方案完全基于 3GPP 全球统一标准，具备"全系列、全场景、全云化"能力。目前，该系列产品也是行业唯一能够提供的 5G 端到端全系列产品解决方案。

（2）芯片端。全球首款 5G 基站核心芯片——华为天罡，由包括多频段、多制式在内的极简 5G 凝结而成。华为的 5G 终端芯片——巴龙 5000，是一款集成度较高的 5G 终端芯片，实现了单芯片多模的能力，能够为用户提供从 2G 到 5G 的支持，同时支持 NSA 与 SA 架构。

（3）网络端。2019 年全球 5G 商用规模加速部署，给华为 5G 基站销售带来了历史机遇。

4. 元宇宙发展方向展望

随着信息感知与获取的全面升级，华为致力于打造下一代网络平台——全息互联网。

华为认为，信息感知与获取方式改变后，下一代互联网平台就是全息互联网，而华为贡献的数字世界改造技术的集大成者，就是河图 Cyberverse。2018 年，华为成立河图 Cyberverse 项目，虽然表面含义不同于元宇宙，但其目标也是希望构建一个地球级、与现实世界无缝融合、不断演化的虚拟世界。

华为的愿景是把数字世界带入每个人、每个家庭、每个组织，构建出万物互联的智能世界。

华为认为，现实世界的呈现其实是个体感官对外界感知的表达，而感官感知的就是信息。每一次信息的获取、记录、分享的革新，都有可能带来人类文明的革命和社会的进步。从"仓颉造字鬼神泣"开始，人类第一次记录世界。后续从文字发展到图像、音视频，再到短视频、直播，内容的形态持续迭代，人类感知信息的方式也在持续升级。

目前，华为河图 Cyberverse 已经落地的应用场景包括：全新的导览方式、全新的虚拟体验、文化活起来、虚拟活动、融合导航和反向寻物等，具体的应用案例有华为 AR 地图开启敦煌"飞天游"、南昌八一起义纪念馆 VR 智能化讲解体验、AR 眼镜呈现万年永宝展等。

科大讯飞：打造虚拟人交互平台1.0

自成立以来，科大讯飞就一直在从事 AI 虚拟人相关技术的研究，语音合成、语音识别、语义理解、图像理解等技术都为 AI 虚拟人多模态技术奠定了基础。

互联网、多屏互动等技术的飞速发展和海量音视频内容产出的需求，进一步推动了 AI 虚拟人技术的发展，从最初以虚拟主播小晴为代表的内容生产型虚拟人，到音频和视频的输出，满足了音视频内容快速生产的需求。为了满足行业客户对交互服务的多样性要求，讯飞推出了软硬件一体化的 AI 虚拟人交互一体化，用于线上线下咨询引导及业务办理等服务，提高了用户体验和服务效率。

目前，AI 虚拟人方案已经在全国四百多家媒体及企业机构中使用。

市场及技术的发展，推动了虚拟人朝着智能化、便捷化、精细化、多样化的方向成长和发展。

2021 年 10 月，科大讯飞对外发布讯飞虚拟人交互平台 1.0。该平台可以支持用户在 1 分钟内构建自己的虚拟人形象，并生成独特的声音。用户可以对虚拟人进行设定，包括姓名、脸型、性格、爱好、衣品等，类似真人。该虚拟人交互的关键技术包括以情感贯穿的音色、语气、表情、嘴型、眼神等交互要素，交互的四大关键特点包括多模感知、情感贯穿、多维表达、自主定制。

2021年10月23日，以"AI共生·新征程"为主题的2021科大讯飞全球1024开发者大会重磅开启。不仅是汇聚了1000多款黑科技好物的科技博览会，还是垂直于100多个领域，有100位行业大咖分享的AI行业峰会。

在这次主论坛、线下展区等场景中，能看到更多虚拟人的身影。

1.AI虚拟人，多重身份与你会面

本次1024开发者节，针对AI科技、AI奇趣等五个主题特别设置了2.7W平方米的线下科博展，大家可以近距离地接触和了解人工智能黑科技。

现场除了虚拟主播小晴之外，还出现了很多新面孔，比如：年轻活力的虚拟导览员、亲和温柔的客服、深受小朋友喜欢的能唱会跳的小可、时尚活泼的3D爱加等，都在虚拟人交互一体机中与大家见面，用户可以根据自己的喜好选择对应的形象来提供大会导览服务。

2.虚拟人交互平台1.0发布，构建AI虚拟人未来生态

此次开发者节上，科大讯飞董事长刘庆峰重点强调了虚拟人交互的四大关键特点，即多模感知、情感贯穿、多维表达、自主定制，并在业界率先发起虚拟人交互平台1.0。通过这个平台，用户可以自主构建个性化的声音和形象。

将来，讯飞还要用情感贯穿从文本语义到语气强调，再到面部表情等后台逻辑，让每个人能够在虚拟世界中感受到一个真实的助手、真实的合作伙伴。

这次1024的AI大赛中，开启了AI寻声计划，可以让更多的个人和生态伙伴加入开放平台生态的共建中，持续开放更多能力的共建。科大讯飞将不断勇攀技术高峰，推出更加智能的AI虚拟人产品，让科技持续赋能生活。

风语筑：国内领先的数字化体验服务商

风语筑是一家中国数字科技应用领域龙头企业，成立于2003年，主要从事数字文化展示产业，为客户提供数字文化展示技术创新体验系统解决方案。产品及服务广泛应用于数字展示、城市文化体验、数字文旅、商业展览及新零售体验、广电MCN及数字营销等众多领域。

在元宇宙概念大火之前，风语筑的发展规划是围绕展示展览相关的领域，重点开拓科技馆、博物馆等新型数字化体验空间。

2021年10月底，风语筑计划拟发行可转债募集资金5亿元，用于博物馆、艺术中心、展示馆等9个建设项目以及补充1.41亿元的流动资金。该可转债发行项目已于12月初获证监会审核通过。

2021年11月10日下午，"元宇宙时代的跨界融合"高峰论坛在上海风语筑大楼十层举行。论坛活动上，风语筑宣布正式布局元宇宙赛道，将浙江深白数字科技有限公司更名为浙江风语宙数字科技有限公司，专注于

VR、AR、XR、数字虚拟人、3D 渲染、沉浸式交互、数字孪生等技术的研发与应用。此外，公司还积极探索元宇宙游戏领域，通过自主研发结合与外部游戏公司合作的打法，打通线上和线下的次元壁。

2021 年 12 月，湖南卫视《天天向上》播出专题节目《元宇宙究竟是什么》，风语筑作为可视化交互技术代表受邀参加。风语筑团队帮助此次节目打造不同的沉浸式展示效果。其利用强大的场景营造能力，在短短一周时间内设计并落地此次演播厅方案；充分利用 1200 平的空间，打造了最具可视化效果的首个沉浸式未来之城演播厅。整个空间集合超高科技和宇宙未来感，给观众带来了身临其境的感官体验。

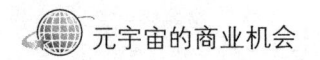

第六章　元宇宙的未来与机遇

元宇宙时代的 10 大趋势

"元宇宙"成功入选由国家语言资源监测与研究中心发布的"2021 年度十大网络用语",由此足以可见元宇宙在 2021 年的火爆程度。

一、展望 2022,元宇宙会呈现哪些趋势?

1.更多的互联网巨头推出自己的元宇宙

截至 2021 年底,我们看到被称为"BAT"元老之一的百度推出了首个国产元宇宙产品"希壤",百度副总裁马杰表示依靠百度大脑在视觉、语音、自然语言理解领域的领先能力和百度智能云的算力,"希壤"在国内率先实现了 10 万人同屏互动和"万人演唱会级"的真实声效还原。

可以预见的是,百度作为国内互联网的先驱者,已经率先推出了元宇宙产品,到了 2022 年,这样的趋势也不会减弱,预计会有更多的科技品牌介入并创办自己的元宇宙，尤其是具备强烈社交基因的腾讯，或许会带来意想不到的惊喜。当然，作为二次元聚集地的B站已经在自己的元宇宙品牌"高能链"上发力，这也将是有趣的故事。

那么，谁会成为第二个能容纳十万级用户的元宇宙产品，我们有了更多的遐想。

2.国内硬件公司崭露头角

目前在VR领域，市场份额占据最大的当属Meta旗下的Oculus VR产品，几乎垄断了个人市场的大部分产品。

而据调研机构Omdia的分析，2021年全年消费级VR头戴式设备销量将会达到1250万部。而在国内，2021年1~9月，VR头显设备出货量同比增长28.9%，VR产业市场规模超300亿元。

可以预见的是，2022年VR市场体量会再上一个台阶，极大可能会继续保持2位数的增长率。同时，随着国内硬件公司在今年完成大笔融资，到2022年他们会陆续推出自己的硬件产品，这将改变目前的市场情况，或将助推国内硬件公司在行业内崭露头角。

3.AR的消费级产品可能成为2022年爆款

与销量蒸蒸日上的VR头显情况不同，AR设备还未得到大范围的普及。目前AR设备成熟度比较高的产品是微软在15年推出的Hololens以及之后的Hololens2，但是其高达2万元左右的售价，也基本劝退了大部分人。

因此，AR硬件设备领域里一直有一个空白，就是消费级的AR硬件，但是在今年，这个空白已经被多家公司盯上了，并相继推出了一款被称作 AR 眼镜的设备，意图占领这个新赛道。

消费级的 AR 产品也将会是继智能手表之后的下一个智能穿戴设备，目前已经有多家知名公司宣布推出 AR 眼镜，包括 Meta、小米、华为、苹果等，在新的一年，AR 眼镜领域将会迎来一场市场份额争夺战。

4. 元宇宙衍生出新的营销方向

2021 年，众多知名企业入局元宇宙，由此引发了元宇宙的全民热议，在人们对元宇宙的了解逐渐深刻之后，越来越多的勇敢者围绕着元宇宙尝鲜，探索元宇宙如何与自身的企业相结合，进而诞生出一系列在元宇宙中为品牌或产品带来新流量的营销方式。

比如耐克就在元宇宙游戏平台 Roblox 中建造了一个虚拟世界 Nikeland，吸引众多玩家在其中建设和游玩。LV、Gucci、耐克、阿迪达斯、百事可乐等知名品牌已经在尝试发行 NFT 等数字资产，并获得了丰厚的回报。

会捉妖的虚拟美妆达人柳夜熙、A-soul 推出的虚拟偶像女团、燃麦科技设计的国内首个超写实虚拟偶像 AYAYI 等虚拟偶像在火遍全网，有足够的粉丝基础后，可以如真人偶像一般，参与产品代言、商业演出等营销活动。虚拟偶像已经拓展出一条已经验证的初步成熟的商业路径。

在 2022 年，也会有更多的元宇宙营销方式诞生，也会有更多的企业愿意尝试运用元宇宙为自身赋能，而元宇宙营销也将会逐渐成为主流的宣传方式之一。

5. 元宇宙相关岗位需求激增

2021年作为元宇宙元年，也可以说是让众人觉醒的一年，企业方意识到了元宇宙的巨大潜力，纷纷加大在元宇宙方向的投入，对于新的方向，拓荒式的探索也需要众多人才和技术作为支持，这将会大幅增加对元宇宙相关岗位的需求。

一方面，围绕着元宇宙的硬件、软件的研发需要大量的人才投入，支持元宇宙的网络基础设施也需要扩容构建，元宇宙中的虚拟场景搭建、虚拟物品设计、虚拟人物建模等内容需求也将激增。

另一方面，正如智能手机诞生出以往不曾有过的直播电商等新的岗位一样，元宇宙也将衍生出一些新的营销方式和商业模式，一批元宇宙相关的新岗位也将应运而生。

6. 基于区块链的元宇宙应用将受到追捧

区块链作为近十年来新兴的网络技术，能提供一个数据不可篡改、没有任何主体能随意操控的去中心化互联网络，因此基于区块链技术的元宇宙也具有相应的属性。

这样元宇宙就不用担心有一个中心化主体随意控制和篡改，并且其中的数字资产所有权也归持有资产的人所有，不用担心数字资产的发行方倒闭或者被发行方收回，持有者可以随意处置自己的资产。如此，元宇宙中的虚拟资产是极具价值的，因此，基于区块链的元宇宙应用也正逐渐被传统企业所接受。

比如，阿迪达斯就与美国上市的Crypto交易所Coinbase、区块链元宇宙应用 The Sandbox 达成合作，以建立元宇宙品牌。普华永道也宣布进军元宇宙，收购了 TheSandbox 上的虚拟地块，打算建立一个 Web3 咨询中心，以促进新一代的专业服务。

7. 元宇宙将迎来相关立法和监管

过去一年，元宇宙野蛮生长，行业开始有了一定的基础，在 2022 年元宇宙将迎来一定的监管立法，尤其是针对一些上市公司滥用元宇宙炒作的情况，或许会因为对元宇宙的具体规定而带来一定的改观，毕竟现在大部分人对元宇宙依然"一脸茫然"。

同时，一些监管者开始关注到元宇宙更长期的价值，并进行了一些监管性质的行业扶持，虽然我们今年已经看到了极少数地区或多或少提及了和元宇宙相关的政策，尤其是前段时间上海市委经济工作会议中明确提出，引导企业加紧研究未来虚拟世界与现实社会相交互的重要平台，适时布局切入。

8. 资本继续加速布局元宇宙

元宇宙作为新开辟的赛道，将吸引资本在这片蓝海积极布局。但许多资本基本都是在 2021 年意识到元宇宙的巨大潜力，因此虽然元宇宙是一片蓝海，但是众人觉醒的时间比较接近，这也意味着资本会激烈竞争着布局元宇宙，这片蓝海将会迅速地被瓜分。

此时此刻，比拼的是实力与果敢，速度慢一些的资本将会错过这次跑马圈地。

许多与元宇宙直接相关的行业，比如 AR/VR 的硬件厂商，或者做 AR/VR 应用的初创公司，又或者专注元宇宙领域的内容平台 / 流量入口都将会是众多资本争抢的标的。

不过，元宇宙毕竟是一个比较新的方向，这个方向也在不断进化和迭代，很可能会诞生出新的细分赛道，而这样的细分赛道对于资本来说也是新的机会，不过这很考验资本的嗅觉与反应，需要持续地观察元宇宙生态的发展。

9. 线上办公进化成元宇宙办公

受疫情影响，当下许多公司已经十分适应线上办公的方式，利用线上会议、线上协作软件等工具便可开展工作。但现有的线上办公并不能解决所有的问题，一些需要当面才能更好解决的问题则需要元宇宙的解决方案。

AR/VR 的虚拟会议、虚拟协作软件，可以达到类似于当面沟通的效果，并且在一些工具的加持下，在一些特定场景比如讨论模型设计时，甚至可以获得比当面沟通更高效的结果。

新晋改名为 Meta 的前 Facebook 公司，就正在力推 VR 虚拟会议。而目前微软作为 AR 领域的前沿公司，拥有最庞大的办公用户，也在推广虚拟办公。

实际上，目前已经有一些公司在尝试借助 VR 设备来帮助办公了，比如 2021 年 10 月埃森哲就购入 6 万台 Oculus Quest 2 头显，用于培训新员工。

10. 元宇宙内容生产初步产业化

随着 AR/VR 设备消费级产品的逐渐普及，AR/VR 设备作为重要的下一代终端，已经有千万级别的用户量，足以承载更多的商业场景。

AR/VR 设备高涨的增速也同时预示着这是一个高速增长的市场，然而目前元宇宙的内容严重不足，比如 AR/VR 视频、AR/VR 游戏、虚拟空间建设、虚拟人物设计等，以及围绕着这些元素构建的新的商业模式，比如 AR/VR 视频营销、AR/VR 电竞、虚拟偶像运营、虚拟展会等。

虽然目前元宇宙的内容极度匮乏，内容相关的创业公司大多处于早期摸索阶段，但这主要是由于在元宇宙火爆之前，元宁宙相关的比如 AR/VR 等行业未受重视，市场空间也不算大，相关的内容也相对比较少。

而在 2021 年元宇宙大爆发之后，越来越多的公司和资本都意识到了元宇宙的潜力，在 AR/VR 设备也逐渐发力的当下，这将会激励一大批专业的内容从业者和公司涌入元宇宙，为元宇宙产出丰富的内容，并初步形成元宇宙内容生产产业化。

二、元宇宙究竟离我们有多远？

试着畅想：人们在现实世界穿着破洞丝袜，元宇宙里的背包里却放着几百套高定礼服；现实容身之处不足一平方米，登录元宇宙，立刻就能飞天遁地。

疫情封印了人们的脚步，却点燃了社会各界对元宇宙空前的热情：无论手中拿着锤子还是梯子，只要是能来造船的，就能得到无差别的欢呼。

至于这艘船究竟造到哪一步，从构成上说，首先要看"游戏"本体。

Roblox 是最惹人注目的元宇宙概念股，它的商业模式是为玩家提供创作游戏并交易的平台。目前 Roblox 上的游戏超过 4000 万款，并以每天 5 万多款的速度在增加。

Roblox 的成功之处是在游戏内提供了生产力。投入人力、物力最多的 3A 大作游玩时长也不过几百小时，但当玩家自发生产内容并获得收益时，玩家的热情和游戏的广度之间就会形成正向循环，就像微信在文字时代做到的那样。

深度上的代表则是北美最受欢迎的游戏《堡垒之夜》。玩家在游戏里可以收看 Travis Scott 的虚拟演唱会，还能看到《星球大战》最新片段的全球首映。想象一下，如果在《堡垒之夜》里能做的事情越来越多，玩家为何还需要安装别的游戏、视频或社交软件？

换句话说，元宇宙是互联网的终极形态。

至于将玩家控制角色变成元宇宙要求的玩家成为角色，就需要硬件方面的努力了：当 VR 达到 16K 之后，人眼将察觉不到纱窗效应，实现"完全沉浸感"。

虽然市面上的 VR 最高只能支持 4K，但苹果在硬件领域的地位，使人们对它即将推出的首款 VR 设备充满期待。

国内外元宇宙的现状

一、人们对元宇宙的错误解读

1.元宇宙就是个游戏

很多人认为,元宇宙就是一个大型 3D 虚拟游戏,喜欢将"元宇宙"与电影"头号玩家"画上等号。

其实,元宇宙并不是简单的游戏,涉及 web3.0、主权财富、数字身份、NFT、经济体系、文明设定、新型生产力和生产关系等多个要素,是自然人的高维度拓展,是将多种新技术整合到一起,产生的一种新型虚实相融的数字文明。它不仅仅只是游戏,而是人类未来文明的全新生态。

2.元宇宙属于 VR 硬件

谈到元宇宙,自然就要涉及 VR 硬件。而谈到 VR 硬件,很多人就会觉得元宇宙是一个虚拟世界。

不可否认,VR 硬件确实在元宇宙世界里发挥着重要的作用,会让元宇宙变得更加立体和精彩。但 VR 与元宇宙之间并没有直接的对应关系。通往元宇宙的路有千万条,VR 硬件只是一种介质,而不是核心要素。

举个例子,目前在元宇宙领域域最具代表性的公司 Roblox 并不是基于 VR 的,而是一个平台连接器。以太坊也不是无限接近于元宇宙,而是一个智能合约平台。

3. 元宇宙属于互联网巨头

目前，入局元宇宙的企业，多数都是互联网巨头，但元宇宙本身的核心是"去中心化"，被互联网巨头控制的元宇宙，并不是元宇宙。任何一家互联网巨头都无法真正建成完整的元宇宙，真正的元宇宙最终需要实现跨链互通、身份互认、价值共享，不属于任何互联网巨头，属于每一个人。一个元宇宙的形成，即使是一个故事、一个钱包、一个插件、一套NFT图像、一个合约，都有可能成为引爆它的奇点。

4. 元宇宙与现实世界割裂

元宇宙＝虚拟世界，这是多数人的看法。

有人认为，元宇宙是一个与现实世界割裂的虚拟存在，犹如两个世界，互不关联。其实，元宇宙不是《头号玩家》，也不是《黑客帝国》，与现实世界并非割裂，而是交汇融合。

线上＋线下是元宇宙未来的存在模式。线下场景是元宇宙重要的组成部分，元宇宙也会为线下沉浸式娱乐带来无限可能。元宇宙与现实世界一开始存在边界，但两者之间的边界会变得越来越模糊，最终相互依存。元宇宙是虚实共生，不是镜像孪生。

5. 无政府主义主宰元宇宙

很多人认为，元宇宙越发达，顶尖玩家越会通过暗宇宙操控世界。其实，元宇宙的玩家，无论是乌合之众，还是暗宇宙，都是世界主义的。跨国行为打乱了世界各个地区的秩序，时间长了，世界就会被虚拟元宇宙的英雄所统治。但实际上，与互联网的统治一样，民族国家依然会介入管理，并具有难以割舍的力量。

6. 元宇宙是"文明内卷"

很多人借用刘慈欣在2018年的演讲，称元宇宙是"文明内卷"，其实刘慈欣讲这段演讲时，目标对象是"虚拟世界"，当时还没出现元宇宙的概念。元宇宙是虚拟世界和现实世界的融合，也是多种技术发展到一定阶段后的融合结晶。太空歌剧和赛博朋克相互融合，不是非此即彼；元宇宙与星辰大海不是竞争对立，前者向内拓展，后者向外延伸，最终殊途同归，共同发展。更好的数字虚拟技术和更发达的太空技术，其实相辅相成。元宇宙不会带来文明内卷，但可能会实现文明的跃迁。

7. 元宇宙美好得像个天堂

有些人认为，元宇宙是完美的，像个天堂，可以实现乌托邦理想国。不可否认，元宇宙刺激丰富，体验极致，从娱乐性上讲，确实能让人类变得非常快乐。与此同时，娱乐至死也将会变得更加极致；元宇宙沉浸程度比现实社会游戏更深，时间一久，偏理性的人和偏感性的人的分布就会从二八定律变成一九定律。可是，如果不能很好地控制人性，表面美好的元宇宙最终会带来一场灾难。

8. 元宇宙中没有稀缺性

进入元宇宙，就是否意味着一切可以复制，意味着稀缺性将不复存在。这是一种对元宇宙的错误认知。实际上，稀缺性正是元宇宙的一大特点，甚至元宇宙的经济形态都是基于"元稀缺"而诞生。NFT很可能成为元宇宙的基本单元，元宇宙资源也是稀缺的。

9. 元宇宙是现实社会关系的延伸

很多人认为，元宇宙社会关系与现实社会关系并无二致，只是换了一个数字环境，因此，元宇宙没什么了不起，就是建立了一个3D互联网。其实，元宇宙是人类社会的升维，社会形态完全不一样。信息是第一生产力，元宇宙的智能合约是新型生产关系。整个元宇宙的运转，需要新信息的出现，需要新的生产关系和治理方式，而新的生产关系又会不断地刺激新的信息出现。

10. 中国的元宇宙，美国的WEB3.0

有些人将元宇宙与WEB3.0分裂开来，扭曲成两个对称的概念。好像美国人只谈WEB3.0，中国人爱谈元宇宙，两者有高下之别。其实，WEB3.0最核心的是区块链技术，重视隐私保护、数字货币、数字金融，偏重于软件层面。

而元宇宙则是软硬件齐头并进，将WEB3.0融合到了元宇宙。没有Crypto的Web3.0，就不是Web3.0；没有Web3.0的元宇宙，也不是元宇宙。

二、当下较为显著的三种前景

元宇宙，是2021年最受关注的科技概念之一。进入2022年，元宇宙相关话题持续发酵，概念仍受到市场的追捧。

当前，不仅一些科技类、投资类企业对元宇宙的发展保持高度重视，一些地方政府部门也在加速布局元宇宙相关产业发展。那么，备受资本市场青睐的元宇宙，前景究竟如何？成熟以后的元宇宙将以什么样的"姿态"展现在世人眼前？

"元宇宙"这个新兴科技概念开始频繁出现在地方政府的文件中。武汉、合肥两地同时把"元宇宙"写入了2022年的政府工作报告；上海则在电子信息产业发展"十四五"规划中，明确提出要加强元宇宙核心技术的前瞻研发；浙江也把元宇宙纳入未来产业发展体系中。同时，Meta、微软、字节跳动、腾讯、华为等数字科技巨头也是动作不断，加速布局元宇宙细分领域。

从政府和企业的行为可以看出，虽然目前外部对于元宇宙概念和属性的看法依然不断变化，但对于元宇宙未来的良好前景已基本形成共识。展望未来，元宇宙定然能表现出以下三种前景：

首先，从市场规模的前景来看，多个国际知名咨询机构公开表示看好元宇宙的未来市场规模。普华永道预计，2030年元宇宙市场规模将达到1.5万亿美元；彭博行业则估计，届时元宇宙市场规模可以达到2.5万亿美元；摩根士丹利预计，未来元宇宙潜在市场空间将超8万亿美元。不仅如此，元宇宙的发展过程还会拉动壮大其他领域的市场规模。

其次，从产业创新的前景来看，元宇宙带来的产业创新前景包括两方面：元宇宙将打破我们习惯的现实世界物理规则，以一种全新的方式激发产业技术创新；此外，元宇宙将与不同产业深度融合，以新模式、新业态带动相关产业跃迁升级。

最后，从应用范围的前景来看，当前元宇宙的应用主要表现在游戏、娱乐等领域，其他领域应用相对较少。未来，伴随元宇宙技术和产业成熟度的持续提高，其应用范围将逐步扩大，并不断深入。元宇宙或将在社会治理、公共服务等领域具有巨大的应用前景。

元宇宙，创造万亿集群的新机遇

元宇宙的经济规模将会是现实世界的无数倍，理由如下：

规模巨大。土地、数据、技术、劳动力、资本等要素在元宇宙中一方面复制现实世界，一方面又创造出新的要素形态。比如，元宇宙内的土地不仅具有现实世界的价值属性，还会随着元宇宙数字化的独特性进一步提高。

消费频率提高。在元宇宙内，产品和服务的唯一性和数字性、消费场景的独特性和虚拟性、商业模式的创新性和快速迭代性，都将刺激消费者保持较高的消费频率以满足持续被激发的多样化需求。

边际成本极少。在元宇宙内，提供产品和服务组织的生产成本与现实世界不同，数字特征和技术特征将会推动生产边际成本接近于零，一般性的经济规律在元宇宙内可能会失效。

如上所述，基于元宇宙如此庞大的经济规模，必定会诞生大量全新的业态。

1. 虚实共生服务。利用物理建模等，集成多学科、多维度虚拟仿真过程，完成实体空间在虚拟空间的精准映射，通过虚实信息交互，实现两个空间资源的交互。

2. 虚拟物种服务。建立在真实（或虚拟）地理信息系统下人工制造的生命体，通过模拟物种对环境变量的响应关系，满足客户的需求。

3 虚拟角色。端到端的 AI 动画技术、游戏、影视特效结合，配合云端实时渲染技术，对虚拟角色形象和动作、表情予以高质量的呈现，实时互动。

4. 虚拟自然环境。利用激光雷达、图像扫描、空间测量等技术，捕捉真实的森林景观和动物，借助计算机生成视觉逼真的动态漫游场景。

5. 虚拟人生。完全定制侵入式剧情，用一段时间体验另一端知名人物或按需设定的人生，以剧本和故事为核心、兼具社交属性。

6. 虚拟战争服务。在现有兵推软件的基础上，基于元宇宙的无限资源、数字模拟等技术运用，参与者就可以身临其境地参与战争。

7. 虚拟旅游服务。利用数字存储技术等构建在云平台上的信息资源群，通过全息投影、图文并茂，模拟还原景点。虚拟交通工具。构建虚拟仿真交通体验场景和交通工具，结合人机交互技术，让参与者融入虚拟交通环境中。

8. 虚拟物品。虚拟元宇宙世界里衍生出来的物品，比如：装备和雾气，也包括虚拟生活中的各种物品。

虚拟组织。使用先进的通信技术，建立模拟或升级版的现实世界的去中心化组织。

成功赋能：千行万业的元宇宙化

元宇宙将会赋能所有行业，激发传统行业的发展新动能，实现行业高质量发展。

千行万业的元宇宙化，最重要的是经济体系、沉浸感、社交关系的代入。

一方面，元宇宙将赋能现实世界的所有行业领域，基于现有商业模式进行元宇宙化创新，推动价值链和产业链升级；利用新技术和新理念，创造出新的商业模式、客户和市场。例如，作为元宇宙中关键技术之一的区块链，将构建打破原有身份区隔、数据护城河的基础设施，通过智能合约打造新的经济系统。

另一方面，现实世界的多个领域也要通过与元宇宙发展相融合，进一步激发其发展潜力，释放出新的活力。一般具备如下特征的领域对元宇宙化的需求最为迫切：发展空间受限、企业资源可复用、现有产品和服务数字化便捷、淘汰型行业、将会被 AI 淘汰的行业、周期性行业、轻资产行业、自由职业者和残障人士从事的领域。

1. 零售。协助零售上实现店铺涉及的可视化，对顾客流动路线的可视化，消费者在虚拟商场中进行消费。

2. 教育。在学校教育、职业教育等领域实现环境再现等技术的全面应用，在虚拟场景中亲自体现历史事件等。

3. 广告。广告的制作、发布和代理都在元宇宙中进行，同时在元宇宙中产生经济行为。

4. 商务。在虚拟环境中，通过虚拟房产中介进行房屋交易。

5. 体育。实现虚实共生的健身活动，加强竞技在元宇宙中的应用。

6. 会展。虚拟会展的场景布置、会议展览、会议组织等虚拟工作。

7. 金融。在金融、募集和金融产品的设计发行等环节实现元宇宙化。

后记

元宇宙属于世界，不会轻易熄火

随着进入元宇宙的参与者越来越多，其热潮根本就压不住。

从我们已经经历过的 PC 互联网、移动互联网发展来看，作为更新一代的互联网形态，元宇宙确实代表着未来发展的趋势。

过去，互联网产业的发展以及其创建的线上生活，并没有阻止人类探索星辰大海的脚步；同理，元宇宙创造的虚拟世界与人类走向外太空也不是非此即彼。至于人工智能发展下的人类伦理隐忧，则属于另外一个话题，不需要普通投资者考虑。

近期，有多家科技互联网巨头都注册了与元宇宙相关的公司，企业家们基本认同了方向的正确性。未来 3~5 年，我们更应该关注元宇宙带来的底层技术构建，以及场景应用所带来的产业机会。